비판 이론의 이념

— 하버마스와 프랑크푸르트학파 —

The Idea of a Critical Theory

by

Raymond Geuss

비판 이론의 이념

— 하버마스와 프랑크푸르트학파 —

레이몬드 게스 지음

신중섭 · 윤평중 옮김

서광사

이 책은 Raymond Geuss의 *The Idea of a Critical Theory*
(Cambridge University Press, 1981)를 완역한 것이다.

비판이론의 이념

— 하버마스와 프랑크푸르트학파 —

레이몬드 게스 지음
신중섭, 윤평중 옮김

펴낸이—김신혁, 이숙
펴낸곳—서광사
출판등록일—1977. 6. 30.
출판등록번호—제 6-0017호

(413-832) 경기도 파주시 교하읍 문발리 534-1
대표전화 · (031)955-4331 / 팩시밀리 · (031)955-4336
E-mail · phil6161@chol.com
http://www.seokwangsa.co.kr

옮긴이들과의 합의하에 인지는 생략합니다.

제1판 제1쇄 펴낸날 · 2006년 3월 30일

ISBN 89-306-1709-3 93160

옮긴이의 말

이 책은 레이몬드 게스의 《비판 이론의 이념: 하버마스와 프랑크푸르트학파》(*The Idea of a Critical Theory: Habermas & the Frankfurt School*)를 옮긴 것이다. 이 책은 1981년에 캠브리지 대학 출판부가 기획하고 Alan Montefiore 등이 편집한 Modern European Philosophy 시리즈의 두 번째 책으로 출간되었다. 뒤에 편집자가 바뀌면서 지금까지 60권 이상이 출간되었다. 이 시리즈는 대륙 철학과 영미 철학 사이에 존재하는 지적 장벽의 완화를 목적으로 삼고 있다. 이 장벽과 분열은 유럽 철학자와 영미 철학자 사이에만 존재하는 것이 아니라, 우리나라의 유럽 철학 전공자와 영미 철학 전공자 사이에도 엄존한다. 이 책이 지극히 비생산적인 그 장벽을 허물고 철학의 본분인 '서로 다른 논변들 사이의 대화와 소통'에 조금이나마 기여하기를 기대해 본다.

이 책의 저자 게스는 1993년부터 Cambridge 대학 교수로 재직하고 있다. Cambridge 대학 교수가 되기 전에 그는 미국과 독일의 여러 대학에서 연구하고 가르쳤으며 연구 분야는 정치 철학과 대륙 철학의 역사이다. 게스의 저서 목록은 다음과 같다.

The Idea of a Critical Theory(Cambridge University Press, 1981)
Morality, Culture, and History(Cambridge University Press, 1999)
History and Illusion in Politics(Cambridge University Press, 2001)
Public Goods, Private Goods(Princeton University Press, 2001)
Outside Ethics(Princeton University Press, 2005)

이 책에 대한 소개는 뒷표지에 나와 있는 글로 대신한다.

하버마스와 프랑크푸르트학파의 초기 구성원들은 비판 이론을 근본적으로 새로운 지식의 형태로 제시하였다. 비판 이론은 본질적으로 '반성적'이라는 점에서 자연과학과 구별된다. 비판 이론이 제공하고 있는 지식은 우리 스스로의 참된 인식적 관심에 관한 계몽으로 인도하고 우리가 의심하지 않는 외재하거나 내재하는 강제로부터 벗어나는 해방으로 이끈다. 비판 이론의 첫 번째 패러다임은 마르크스와 프로이트의 저술에 담겨져 있다.

이 책에서 게스는 이러한 근본적인 주장들을 제시하고 그 주장의 타당성 여부를 묻고 있다. 사회 현상을 단순히 기술하거나 설명하지 않고, 비판하는 과학이 가능한가? 그 과학이 어떻게 다른 경험 과학과 구별될 수 있는가? 라고 묻는다. 이데올로기 개념은 이 논의에서 결정적인 역할을 담당하고 있다. 게스는 여기서 이데올로기와 그것이 우리들의 신념 그리고 관심과 맺고 있는 관계, 이데올로기 비판을 위해 필요한 진리와 확증에 대한 설명, 자기-지식이 수반하는 목표를 상세하게 분석하고 있다.

이 책은 프랑크푸르트학파의 저작에 대한 지식을 전제하고 있지 않기 때문에 그 학파의 중심적이고 특징적인 주제에 접근할 수 있는 알기 쉬운 개론서 구실을 할 수 있을 것이다. 그러나 이 책은 이러한 주제들을 면밀하고 날카롭게 분석하고, 이 주제들을 다른 방식으로 지지하고 있기 때문에 비판 이론의 전공자와 사회 과학 일반의 방법과 목적에 관심을 가지고 있는 사람들에게도 흥미로운 책이 될 것이다.

이 책의 1장 3절과 4절, 2장, 그리고 3장의 3절은 윤평중이 옮기고 나머지는 신중섭이 번역하였다. 이 책의 번역을 기획한 지는 상당히 오래되었으나 번역자들의 게으름 때문에 출간이 늦어지게 되었다. 다만 책의 내용이 지금도 변함없이 유효하다는 사실에 작은 위안을 삼는다. 철학이 죽어가는 시대 풍조를 거역하면서 인내하며 기다려준 서광사에 감사할 뿐이다.

엄혹했던 70년대 학창 시절 우리는 申一澈(1931~2006) 선생을 통해 프랑크푸르트학파의 학문 세계에 접하면서 '좀더 밝은 세상'을 꿈꾸었다. 지난 1월 서둘러 우리 곁을 떠난 선생의 아름다운 學德을 그리워하면서, 우리는 다시 한번 30년 전 청년 시절의 꿈을 가슴 깊이 성찰하려고 한다.

2006년 2월
신중섭, 윤평중

차례

편집자 서문

이 시리즈(Modern European Philosophy)는 많은 영어권 독자들에게 현대 유럽 철학을 알기 쉽게 소개하고, 특히 분석 철학에 익숙한 사람들에게 현대 유럽 철학이 흥미롭고 중요하다는 사실을 알려주는 것을 목적으로 삼고 있다.

물론 모두가 알고 있듯이, '분석적'과 '유럽적'(또는 대륙적)이라는 구분은 대단히 불만족스럽다. 최근의 분석철학 전통에 결정적인 영향을 미친 철학자들 가운데 많은 이들이 유럽 대륙에서 태어나서 자랐다. 비록 다수의 철학자들이 뒤에 미국과 영국으로 옮겨가 살았다고 할지라도, 처음에 그들은 유럽과 유럽 철학의 전통 안에서 사상을 발전시켰다. 실제로 그들 가운데 몇몇은 당연히 '대륙' 철학자이면서 '분석' 철학자로 여겨진다. 최근에는 유럽 대륙에서 개념적 분석을 연구하는 철학자들의 수가 급격하게 늘어나고 있다. 스칸디나비아와 폴란드에서 그러한 전통이 오랫동안 존재했다. 그리고 이러한 경향은 유럽의 다른 나라들, 특히 독일에서 두드러지게 나타나고 있다.

더구나 프랑스와 이탈리아의 거의 모든 대학들과 독일어를 사용하는 유럽의 대학, 동부 유럽의 대부분의 대학들과 같이 분석 철학의 영향을 조금만 받거나 거의 받지 않은 유럽의 대학들이 결코 단일한 전통을 가지고 있는 것은 아니다. 예를 들면 헤겔주의자, 마르크스주의자, 현상학자, 토마스주의자 사이의 진정한 의사소통을 불가능하게 할 수도 있는 의견 불일치가 더욱더 심화되어 왔다. 그러나 이러한 불일치는 분석 철학 전통에 속한 대표적인 철학자들과 유럽 대륙 철학의 주요 학파의 대표자들 (유럽 대륙 철학은 라틴 아메리카, 일본, 그리고 심지어 미국과 캐나다의 몇몇 대학에서 영향력을 행사하고 있다) 사이에 최근까지 존재해온 상호 무지와 불신의 장벽에 비교하면 여전히 ‘사소한’ 것이다. 이 두 진영의 철학 가운데 어느 한쪽에 속한 가장 우수한 학생까지도 자신이 잘 아는 영역과 무지한 영역, 유능한 영역과 무능한 영역을 구분하여 공부해 왔기 때문에, 그들은 자신들을 분리시키고 있는 것의 본질에 대해서 서로 소통 가능한 토론을 할 준비조차 되어있지 않다. 이러한 사실은 두 전통 사이의 장벽을 적어도 최근까지 불가피하게 강화시켜 왔다.

이 시리즈의 첫 번째 책은 찰스 테일러가 헤겔에 관해 쓴 책이었다. 이 책을 소개하면서, 편집자인 우리들은 이 책이 본 시리즈의 시작으로서 아주 적절하다는 지적을 하였다. 왜냐하면 우리가 지적하였듯이 이 책은 헤겔을 참조로 하여, 본 시리즈가 추구하고 있는 상호 소통의 대상이 되는 두 전통 사이의 차이를 아주 잘 보여주고 있기 때문이다. 이 시리즈의 두 번째로 레이몬드 게스가 쓴 이 책은 프랑크푸르트학파의 철학자, 특히 이 학파의 가장 뛰어난 상속자이자 계승자인 하버마스의 중심 주장에 대한 자세하고 치밀한 개념 분석을 제시하고 있다. 하버마스와 프랑크푸르트학파는 헤겔 철학과 그 계승자인 (논쟁의 여지는 있지만 마르크스를 헤겔 철학의 계승자로 간주하는 한) 마르크스에 대한 반응과 그 반응에 대한 응답의 연장선상에 서 있다는 것은 분명하다. 프랑크푸르트학파에 속한 사람들은 스스로 자신들이 마르크스와 관계를 맺고 있다는 사실을 확실히 인식하고 있었다. 그리고 헤겔에 대한 마르크스의 관계를 이해하는 가장 좋은 방법이 무엇이라고 생각하든 상관없이, 마르크스 사상 속에 들어있는 헤겔주의적인 요소로 간주할 수 있는 부분에 대한 프랑크푸르트학파의 재강조는 중요하며 그것은 현대 철학에 영속적인 영향력을 행사하고 있다. 프랑크푸르트학파가 마르크스주의자의 이데올로기 개념과 허위 의식의 개념을 특징 있게 정교화시킨 것, 특히 하버마스 자신이 제시한 '비판 철학'이 계몽된 자의식을 최대한으로 발전시키는 데 기여할 수 있음을 보여준 것은 바로 이러한 영향력의 핵심에 자리 잡고 있다. 레이몬드 게스가 검토하려고 하는 바가 바로 이러한 개념과 시도이다.

찰스 테일러가 쓴 책에 대한 편집자 서문에는 헤겔 철학이 하버마스의 저술에 대한 이해와 맺고 있는 특별한 상관성에 대해 다음과 같은 언급이 나온다. "이러한 장애의 발전과정 배후에 놓여 있는 차이는 헤겔에서 칸트로, 철학의 다양한 학파들이 칸트의 저작에 반응했던 여러 가지 방식과 그들의 후계자들이 다시 그 반응에 대하여 보여준 역반응까지 거슬러 언급함으로써 온당하게 이해될 수 있다." 게스가 아주 잘 보여주고 있듯이 하버마스 또한 매우 중요한 점에서 선험 철학자로 간주될 수 있다.

하버마스가 사용하고 있는 선험주의의 전승이 유리한 점인가 아니면 게스가 주장하고 있듯이 불리한 점인가는 의심의 여지없는 논쟁거리이다. 그 원리의 난점이 무엇이든 상관없이 참된 반대자가 있을 수 있다. 그리고 적어도 일반적인 칸트 철학의 전통에 대한 충분한 이해가 그 전통에 대한 승인을 요구하는 것은 아니다. 실제로 그 전통에 대한 다양한 반응이 피할 수 없는 장애로 바뀐 것은 상당히 최근의 일이다. 19세기 말 심리 철학에 대한 브렌타노의 저술은 빈번하게 J. S. 밀과 다른 동시대 영국 철학자를 인용하고 있다. 반대로 G. E. 무어는 브랜타노를 인용하였다. 베르그손은 그의 저서에서 자주 윌리암 제임스를 논의하였다. 후설이 가장 중요하다고 생각한 철학자 가운데 한 사람은 흄이었다. 러셀이 진지하게 논의한 철학자들 속에는 프레게, 푸앵카레뿐만 아니라 마이농도 포함되어 있다. 그들의 발자취를 따르고 있는 철학자들이, 한편은 다른 편이 허황된 수사와 엄밀성이 결여된 철학을 하고 있다고 확신하고, 다른 쪽은 상대방이 비생산적이고, 천박하고 지나치게 사소한 것에 대한 탐구에 몰두하고 있다고 생각하면서 상대방의 책을 읽지도 않고 서로 존경하지도 않는 것은 대단히 불행한 일이다.

그러나 찰스 테일러의 책에 대한 서문을 쓴 지 얼마 지나지 않았는데도 벌써 서로서로 새롭게 경의를 표하고 경청하려는 노력들이 나타나고 있다. 그러나 이러한 희망적인 전조들이 과장되어서는 안 된다. 이러한 화해와 관심의 공동체가 존재하는 것 못지않게 거리와 차이가 적어도 당분간 지속될 것이다. 그럼에도 불구하고, 하버마스는 분석 철학의 가장 중심적인 분야의 지식에 대해 참된 관심을 가진 대륙의 중요한 현대 철학자의 좋은 본보기를 보여주고 있다. 그리고 게스의 저술들은 두 전통에 속한 철학자들 사이에 자극적이고 풍성한 토론이 전개될 수 있는 이해하기 쉬운 토대를 제공하고 있다.

게스의 저술은 분석 철학의 전통에서 연구해 왔지만 지금 현대 유럽 철학의 주요 전통에 속한 철학자들이 제기한 문제와 씨름하고 있는 철학자들의 업적을 담아내려고 하는 이 시리즈의 근본 정신에 아주 충실하고 적합한 책이다. 이 책은 단순한 개론적 요약이 아니라 본격적인 철학적 논증과 논변을 담고 있다. 우리는 이 책이 풍요롭고 폭넓은 사유의 틀을 형성할 것임을 확신한다. 그 틀 안에서 상호 비판과 자극이 시도될 것이다. 비록 상호 불일치가 발생한다고 할지라도 적어도 그것은 무지, 경멸 또는 왜곡 때문에 생긴 것은 아닐 것이다.

서문

    10년이 넘도록 격려와 가르침으로 보살펴 주신 커밍(R. D. Cumming) 선생님께 더 없는 감사를 드린다. 이 책에서 논의될 문제를 놓고 로티(R. Rorty), 스키너(Q. Skinner)와 벌인 토론과 이 책의 2장 원고에 대한 이스히구노(H. Ishiguno), 몬테피오레(A. Mantefiore)의 논평은 나에게 결정적인 도움이 되었다. 이 책에서 논의된 내용 중의 많은 부분은 모겐베서(S. Morgenbesser)의 사고에서 나온 것이며, 그의 도움으로 이 책은 빛을 보게 되었다. 캠브리지 대학 출판부에 계신 마이노트(J. Mynott), 신크래어-윌슨(J. Sinclair-Wilson), 브루케(F. Brooke)와 함께 이 책의 출판을 준비하게 된 것은 나에게 커다란 기쁨이었다. 특별히 로에쉬(J. Loesch)에게 심심한 사의를 표한다.

약어

EI   Habermas, Jürgen, *Erkenntnis und Interesse*, Frankfurt : Suhrkamp (second edition) 1973.

KK   Habermas, Jürgen, *Kultur und Kritik*, Frankfurt : Suhrkamp, 1973.

LS   Harbermas, Jürgen, *Legitimationsprobleme im Spätkapitalismus*, Frankfurt : Suhrkamp, 1973.

N2   Habermas, Jürgen, 'Nachwort' to second edition of *Erkenntnis und Interesse*.

PP   Habermas, Jürgen, *Philosophisch-Politische Profile*, Frankfurt : Suhrkamp, 1971.

PS   Adorno, Th. W. et al, *Der Positivismusstreit in der deutschen Soziologie*, Neuwied und Berlin : Luchterhand, 1969.

TG   Habermas, Jürgen and Luhmann, Niklas, *Theorie der Gesellschaft oder Sozialtechnologie —Was leistet die Systemforschung?*, Frankfurt : Suhrkamp, 1971.

TP   Habermas, Jürgen, *Theorie und Praxis*, Frankfurt : Suhrkamp (fourth edition) 1971.

TW   Habermas, Jürgen, *Technik und Wissenschaft als 'Ideologie'*,

Frankfurt: Suhrkamp, 1968.

WL Wellmer, Albrecht, *Kritische Gesellschaftstheorie und Positivismus*, Frankfurt: Suhrkamp, 1969.

WT Habermas, Jürgen, 'Wahrheitstheorien' in *Wirklichkeit und Reflexion: Festschrift für Walter Schulz*, Pfullingen: Neske, 1973.

ZL Habermas, Jürgen, *Zur Logik der Sozialwissenschaften*, Frankfurt: Suhrkamp, 1970.

ZR Habermas, Jürgen, *Zur Rekonstruktion des historischen Materialismus*, Frankfurt: Suhrkamp, 1976.

English translations:

T1 Habermas, Jürgen, *Knowledge and Human Interests*, translated by Jeremy Shapiro, Boston: Beacon Press, 1971.

T2 Habermas, Jürgen, *Legitimation Crisis*, translated by Thomas McCarthy, Boston. Beacon Press, 1975.

T3 Adorno, Th. W. et al., *The Positivist Dispute in German Sociology*, translated by Glyn Adey and David Frisby, New York: Harper, 1976

T4 Habermas, Jürgen, *Theory and Practice*, translated by John Viertel, Boston: Beacon Press, 1973.

T5 Habermas, Jürgen, *Toward a Rational Society*, translated by Jeremy Shapiro, Boston: Beacon Press, 1970.

T6 Wellmer, Albrecht, *Critical Theory of Society*, translated by John Cumming, New York: Seabury Press, 1971.

서론

이 책은 마르크스 저작에 대한 새로운 해석을 다루고 있다. 그 주장을 요약하면 다음과 같다.

혁명가로서 마르크스는 널리 알려져 있다. 그러나 그가 제시한 정확한 혁명의 본질은 일반적으로 정당하게 이해되지 못하고 있다. 물론 마르크스는 인간들에게 중요한 것이 무엇이며, 인간 사회가 어떠한 것이어야 하는가에 대한 많은 사람들의 생각을 근본적으로 바꾸어 놓았다. 그러나 여러 가지 측면에서 볼 때 그의 저술이 지니고 있는 가장 중요한 의의는 인식론과 관련되어 있다. 바르게 이해하기만 한다면 마르크스의 사회 이론은 분명히 사회 인식론을 제시하고 있다. 그러나 그의 사회 인식론은 기존의 어떠한 '지식'의 범주에도 포함되지 않는다. 그의 사회 인식론은 논리학이나 수학과 같은 형식 과학도 아니고 그렇다고 실제적인 기술도 아니다. 이 같은 사회 인식론의 옹호자들은 그것이 종교나 철학이 내세우는 전통적인 사변적 세계관과 동일한 것이라는 주장도 받아들이지 않는다. 그렇다고 해서 마르크스의 사회 인식론을 자연과학과 같은 엄밀한 경험적인 이론으로 해석하는 입장도 타당하지 않다. 잘라 말하면 그것은 인식적인 요소와 비인식적인 요소의 혼합물도 아니고, 일련의 가치 판단이나 도덕적인 주장과 우연히 결합한 일종의 경험 경제학도 아니다. 마르크스주의는 본질적으로 새로운 이론이다. 마르크스주의의 두드러진 특징을 철학적으로 설명하기 위해서는 인식의 본질에 대한 전통적인 입장이 완전히 수정되어야 한다.

지금부터 나는 '프랑크푸르트학파'로 알려진 일군의 독일 철학자들이 내세운 마르크스의 주장에 대한 새로운 해석을 검토할 예정이다. 여기서 말하는 '프랑크푸르트학파'에는 호르크하이머, 아도르노, 초기의 마르쿠제뿐만 아니라 하버마스, 벨머까지도 포함된다. 프랑크푸르트학파는 마르크스가 사상적인 혁명을 일으킨 것과 같이 프로이트도 사상적인 혁명을 일으켰다고 믿는다. 또한 그들은 마르크스와 프로이트의 이론이, 그것들의 본질적인 인식적 구조가 유사하다는 사실에 주목하여, 철학적인 관점에서 볼 때 상이한 두 이론이 아니라 새롭고 동일한 유형의 이론의 두 국면에 지나지 않는다고 생각한다. 곧 마르크스주의와 정신 분석을 두 근간으로 하는 새로운 형태의 이론이 '비판 이론'이다. 프랑크푸르트학파가 들고 있는 '비판 이론'의 본질적이고 두드러진 특징은 다음 세 가지이다.

1. 비판 이론은 아래와 같은 점에서 인간 행위의 지침으로서 특별한 위치를 차지하고 있다.

   (a) 비판 이론은 그것을 지지하는 행위자들의 계몽을 목적으로 한다. 곧 이러한 행위자로 하여금 그들의 진정한 관심이 무엇인가를 결정하게 한다.

   (b) 비판 이론은 그 본성상 해방적이다. 곧 비판 이론은 행위자들을 적어도 자기 자신이 스스로 짊어진 강제로부터, 인식적 인간 행위의 자기 좌절로부터 자유롭게 한다.

2. 비판 이론은 인식적 요소를 포함하고 있다. 곧 비판 이론은 지
   식의 형태이다.
3. 비판 이론은 인식론적인 측면에서 본질적으로 자연과학과 구별
   된다. 자연과학적인 이론이 '객관화하는' 이론이라면, 비판 이론
   은 '반성적' 이론이다.

비판 이론은 행위자들에게 계몽과 해방을 가능하게 해주는 반
성적 이론이다.

프랑크푸르트학파는 다음 (a), (b)를 주장하는 사람들을 '실증주
의자'라 부른다. (a) 자연과학에 대한 경험론자의 설명은 타당하
다. (b) 모든 인식은 본질적으로 자연과학과 동일한 인식적 구조를
가져야 한다. 만일 자연과학에 속한 모든 이론이 '객관화하는' 구
조를 가지고 있다면, 모든 인식이 자연과학과 동일한 인식적 구조
를 가져야 한다는 주장은 모든 인식이 '객관화하는' 인식이어야
한다는 주장과 동일하다. 이러한 관점에서 본다면 실증주의는 '반
성의 부정'으로 이해될 수 있다. 달리 말하면 실증주의는 이론이
반성적이면서 동시에 인식적일 수 있다는 것을 부정한다.

비판 이론은 실증주의가 범한 철학적인 오류에 대해 매우 비판
적인 입장을 견지한다. 프랑크푸르트학파에 속한 학자들이 주장하
고 있지만, 실증주의자들은 전적으로 잘못된 인식론적 입장을 가
지고도 자연과학에 있어서 기본적인 이론을 제시하고, 테스트하고,
그것을 적용할 수 있다고 생각한다. 그러나 비판 이론가들은 그렇
게 생각하지 않는다. 타당한 인식론적 입장을 갖는 일은 계몽과
해방을 가능하게 해주는 기본적인 이론을 제시하고, 테스트하고,
그것을 적용하는 능력과 밀접한 관련을 맺고 있다. 이러한 이유
때문에 실증주의는 자연과학의 발전에 대해서 특별한 장애물이 되
지 않는다. 그러나 실증주의는 인간 해방의 실현이나 비판 이론에

대해서는 하나의 심각한 위협이 된다. 프랑크푸르트학파의 기본적인 목적 중의 하나는 실증주의 비판과 타당한 지식의 범주로서 '반성'을 회복하는 것이다.

이 책의 주요 목적은 비판 이론의 본질에 대한 분명한 이해에 도달하는 것이다. 간단하고 정확하게 이러한 이해에 도달하기 위해 비판 이론의 한 예로 생각될 수 있는, 마르크스의 저작에서 시작된 '비판 사회 이론'에 초점을 맞추어 논의를 전개하게 될 것이다. 필요한 경우에는 때때로 정신분석학도 언급하였다. 비판 사회 이론의 핵심은 이데올로기 비판에 있다. 어떤 사회의 이데올로기는 그 사회에 속한 행위자들로 하여금 그들이 처해 있는 실제 상황과 참된 관심에 대한 정확한 인식을 가로막는다. 만일 행위자들이 사회적 억압으로부터 자유롭게 되려고 한다면, 그들은 이데올로기적 환상으로부터 그들 자신을 해방시켜야 한다. 그런데 '이데올로기 비판'이 위에서 세 가지 테제로 정의된 비판 이론의 기본 원리를 형성할 수 있는가?

나는 될 수 있는 대로 프랑크푸르트학파의 마르크스 해석이 타당한가 타당하지 않은가 하는 문제는 피할 작정이다. 이 문제는 마르크스에 대하여 내가 할 수 있는 것보다 전면적이고 훨씬 더 자세한 해석을 요구한다. 뿐만 아니라 나의 주요 관심거리인 비판 이론의 가능성과 어떠한 관계를 맺고 있는가도 분명하지 않다. 나는 하버마스의 입장에 초점을 맞추어 이 책의 논의를 진행할 예정이다. 왜냐하면 프랑크푸르트학파에 속한 학자들 중에서 그가 비판 이론의 기본적인 인식론적 가정에 가장 명쾌하게 접근하고 있으며, 이 점이 바로 나의 흥미를 불러일으켰기 때문이다.

(아도르노, 호르크하이머, 마르쿠제는 제쳐놓고) 하버마스의 철학적 입장에 대한 체계적인 설명을 제시하는 것이 나의 기본적인 의도는 아니라 할지라도 이것에 대한 나의 논의가 가능한 한 하나

의 완벽한 논의가 될 수 있도록 하기 위해 많은 노력을 기울였다.[1] 뿐만 아니라 하버마스의 저술에 익숙하지 못한 사람도 이해할 수 있도록 쉽게 쓰려고 노력하였다. 거듭 말하지만 이 책의 목적은 비판 이론의 본질을 명쾌하게 설명하는 것이다.

---

1) 프랑크푸르트학파의 역사에 관심이 있는 독자들은 Jay(1973)를 참고하면 유익할 것이다. Kortian(1980)은 하버마스에 대한 좋은 입문서이다. 나의 프랑크푸르트학파 논의는 뛰어난 책인 Theunissen(1969)에 결정적인 영향을 받았다.

1장 이데올로기

1. 기술적인 의미의 이데올로기

이데올로기라는 용어는 여러 가지 의미로 사용된다. 그 이유 중의 하나는 사회 이론가들이 매우 상이한 물음에 대한 대답을 시도하는 과정에서 이데올로기 이론들을 제시하였기 때문이다. 나는 이데올로기 이론이 전개된 과정에 따라, 이데올로기를 사용하는 서로 다른 세 가지 방식을 구별하려고 한다. 세 가지 사용 방식에 따라 '이데올로기'란 용어는 각기 다른 의미를 지니게 된다.[1]

내가 구별하려고 하는 세 가지 사용 방식 중의 첫 번째는 이데올로기란 말이 인간 집단을 경험적으로 연구하는 과정에서 사용하는 경우이다. 곧 '문화 인류학'에서 사용되는 경우이다. 어떤 집단을 연구하려는 사람은, 그 집단에 관한 여러 가지 사실을 알려고 한다. 어떤 연구자는 그 집단의 출생률, 혈통의 구성, 부분 집단의 체질, 다양한 질병에 대한 저항력과 그것들의 발생률 등과 같은 생물학적 특성과 준생물학적 특성을 연구하려고 한다. 또 어떤 연

---

1) 말할 필요도 없이, 내가 '이데올로기'라는 용어와 그것의 파생어가 가지고 있는 다양한 의미를 모두 다 논의한 것은 아니다. Lichtheim(1967); Barth (1975); Larrain(1979)을 보시오.

구자는 그 집단의 친족의 체계, 토지 보유권의 유형, 예술적인 전통, 종교적-과학적 신념, 법률적 제도, 윤리, 농업적 기술 등과 같은 문화적 또는 사회-문화적 특성을 연구하려고 한다. 어느 집단의 생물학적 특성과 '문화' 또는 '사회-문화적 체계'의 구분이 명확하고 정확하지는 못하다고 할지라도[2], 우리가 경험적 탐구의 대상으로 삼으려 하는 '문화' 또는 '사회-문화적 체계'가 무엇을 지시하는가는 분명히 알고 있는 것으로 생각하고 논의를 전개해 보기로 하자. 따라서 탐구하려고 하는 어떤 집단이 주어지면, 우리는 그 집단의 사회-문화적 체계의 두드러진 특성과 시간의 흐름에 따른 추이를 기술(記述)할 수 있다. 만일 몇몇 집단의 특성을 알게 된다면, 우리들은 모든 문화가 공통적으로 가지고 있는 일반적인 특성과 불변적인 특성을 찾아낼 수 있고, 분명히 구별되는 사회-문화적 특성들 사이에 존재하는 어떤 관련을 파악할 수 있을 것이다. 달리 말하면 우리들은 인간 문화의 유형을 자세하게 나눌 수 있고, 문화의 공통점과 차이점에 따라 그것을 분류할 수 있다. 또 우리들은 대담하게 왜 어떤 문화적 특성이 어떤 사회에서만 발견되며, 왜 어떤 역사적 변화가 일어나는가를 설명할 수 있는 과감한 가설을 제시할 수 있다.

이와 같은 경험적인 탐구를 진행하는 과정에서, 우리들은 자세한 연구를 위하여 사회-문화의 영역을 여러 '부분들'로 나눌 수 있다. 이러한 방식을 따라 통속적인 마르크스주의자들은 (경제적) 토대와 (이데올로기적) 상부 구조를 구분한다. 20세기의 문화인류학자들 중의 많은 사람들은 기술(technology) (또는 기술/경제), 사회 구조, 이데올로기로 구분하는 세 가지 도식을 즐겨 사용하며, 이보다 더 복잡한 구분법이 제시되기도 했다.[3] 따라서 이데올로기

---

2) Kroeber and Kluckhohn(1952)은 '문화'가 가지고 있는 의미를 100가지로 구별하였다. D. Kaplan and R. Manners(1972)도 참고하시오.

이론은 인간 사회 집단에 관한 어떤 특징과 사실을 기술하고 설명
하려는 과정에서 제기될 수 있다. 첫째 의미에서 '이데올로기'는
연구의 편의를 위하여 집단의 사회-문화적 체계가 나누어진 '부분
들' 중의 하나를 지칭하는 개념이다. 어떻게 나누는가에 따라 이
데올로기는 넓을 수도 있고 좁을 수도 있지만, 일반적으로 이때
이데올로기란 말에는 집단 구성원들이 가지고 있는 신념, 그들이
사용하는 개념, 그들에게 나타나는 태도나 심리적 경향성, 그들의
동기, 욕구, 가치, 선호, 예술 작품, 종교적 관습, 몸짓 등이 포함된
다.[4] 나는 (위에서 열거한 모든 요소를 포함하는) 매우 넓은 의미
의 '이데올로기'를 '순수히 기술적인 의미의 이데올로기'로 지칭
할 것이다. 이와 같이 '이데올로기'라는 말을 넓고, 포괄적인 의미
로 사용한다면, 모든 인간 집단은 이데올로기를 가지고 있다. 곧
모든 집단의 행위자들은 어떤 심리적 경향성을 가지며, 어떤 개념
을 사용하며, 어떤 신념을 가지고 있다. 특히 주목해야 할 것은 이
러한 의미의 이데올로기가 이 같은 신념, 습관, 태도, 습속 등만을
포함하지는 않는다는 것과 한 집단의 구성원 모두가 이것들을 함
께 공유하고 있지는 않다는 사실이다. 인간 집단은 다양성과 차이
그리고 불일치도 가지고 있다. 어떤 집단을 자세하고 복잡하게 분
석하면 할수록, 그 집단의 신념, 동기, 선호, 태도 등의 차이점은 더
욱더 다양해질 것이다. 그리고 기술적인 의미로 사용되는 '이데올

---

3) Sahlins는 기술, 사회 구조, 이데올로기를 구별하였다(1968, 14~15면). Service
   는 기술, 경제, 사회, 정치 형태, 이데올로기를 구별하였다(1966). Kaplan과
   Manners는 이데올로기, 사회 구조, 기술경제, 심성을 구별하였다(1972, 89면).
   아마도 모든 사회에 적용할 수 있는 사회에 대한 표준적인 구별은 존재하지
   않을 것이다. 실제로 어떤 사회의 '원시성'의 정도를 판단할 수 있는 기준은
   그 사회가 경제, 사회, 혈족 관계 등에 대한 구분을 얼마나 하지 못하고 있는가
   이다.
4) Kaplan and Manners(112~113면)를 보시오.

로기'는 평가적인 것도 가치 판단적인 것도 아니다.[5] 어떤 집단의 구성원들이 이러한 의미의 '이데올로기를 가지고 있다'라는 사실 때문에 그들을 칭찬하거나 비난할 수는 없다.

오직 기술적인 의미로만 사용되는 이데올로기는 추론적인 요소와 비추론적인 요소들을 함께 지니게 된다. 여기서 말하는 '추론적'인 ('개념적' 또는 '명제적') 요소에는 개념, 관념, 신념이 포함되고, '비추론적'인 요소에는 특정적인 몸짓, 의식, 태도, 예술 활동의 형태와 같은 것이 포함된다.[6] 추론적인 요소와 비추론적인 요소의 구분은 명시적인 요소와 암묵적인 요소의 구분(예를 들면 프라메나쯔에 의한)과 동일한 것도 아니다.[7] 분명히 추론적인 요소들이 명시적이거나 또는 암묵적일 수 있다. 곧 행위자가 특정 신념을 명시적 또는 암묵적으로 주장할 수 있다. 그러나 '명시적'과 '암묵적'이라는 구분은 대부분의 비추론적인 요소에는 명백하게 적용되지는 않는다. 어떤 멜로디나 몸짓을 여기에서 고찰하고 있는 의미로 '명시적인 것'이라거나 또는 '암묵적인 것'이라고 말할 때 그것이 의미하는 것이 무엇인가를 알기는 매우 어렵다. 그럼에도 불구하고 나는 적어도 몇몇 경우에 있어서는 명시적이며 비추

---

5) Kaplan and Manners(113면)를 보시오.

6) ZR 345면에서 하버마스는 "문학, 예술, 음악의 비명제적 기호체계"에 대해서 말하고 있다. 이것은 정확하게 정식화하는 것보다 쉽게 알 수 있는 그러한 구별 가운데 또 다른 구별이다. 이데올로기의 모든 요소들이 기호적으로 조직되었다고 주장하고 싶어 하는 사람이 있을 수 있다. 그림, 음악, 춤 등은 확실히 고도로 조직화되어 있다. 그러나 이러한 조직화는 개념적인 것이 아니다. 비록 이러한 방식으로 (나는 특별히 그렇게 하지 않지만) 하나의 '문법'을 말하고 싶어 한다고 할지라도, 음악은 의미를 가질 수 있다. 그러나 그 의미가 하나의 명제는 아니다. 당연히 내가 '신념'이라는 말을 통해 의미하려고 하는 것이 단순히 경험적 신념만을 의미하려고 하는 것은 아니다. 규범적 신념과 형이상학적 신념 등을 의미하려고 하였다.

7) Plamenatz, 17~18, 21면 이하.

론적인 요소와 암묵적이고 비추론적인 요소의 구별 가능성을 배제하지 않을 것이다. 예를 들어 어떤 태도를 명시적 또는 암묵적인 태도라고 말한다 해도 그것은 이상하지 않다.[8]

　마지막으로 위에서 행한 두 구분(추론적-비추론적, 명시적-암묵적)이 모두 프라메나쯔가 제시한 이데올로기의 미분화된 요소와 분화된 요소의 구분과 일치하지 않는다.[9] 취미나 선호가 그러하듯이, 어떤 신념은 미분화적이지만 명시적일 수 있다.

　때문에 나는 이러한 구분에서 사용된 용어의 개념 정의는 피하고 싶다. 오히려 구체적인 그것들의 용법을 명확하게 해 줄 것이다. 만일 누가 어떤 집단의 종교를 검토한다면, 그는 특별한 의식의 수행이 중요한 역할을 한다는 것을 알게 될 것이다. 그 예로 세례나 성체가 기독교에서 맡고 있을 역할을 생각해 볼 수 있다. 물론 어떤 의식이 매우 중요하다고 하면, 그것을 수행하는 행위자가 그것의 명칭을 모르는 경우는 거의 없을 것이다. 그러나 의식은 일련의 행동이며, 행해지는 것이지 그것 자체로서 일종의 개념이나 신념은 아니다.[10] 종교는 집단 이데올로기의 일부이다; 의식은 이데올로기의 비추론적인 요소이다. 의식이 생명을 가진다고 한다면, 일정한 형식을 갖춘 세례와 성체는 적어도 2천 년 동안 계속되어 왔다. 엄격한 기준을 세워놓고 이에 맞추어 조금도 변한 것 없

---

8) 취미, 선호, 좋아함 역시 명시적이거나 암묵적일 수 있다. 나의 취미나 선호의 내용은 단순히 그것 자체로서 나의 습관적 행위 양식을 표현할 수 있다. 내가 그것들을 표현하려는 경향성을 보이지 않을 수도 있다. 사실상 내가 그러한 것들을 가지고 있다는 것을 모를 수도 있다. 우리는 나의 취미나 선호가 '단지 암묵적'인 경우와 내가 어떤 특정의 취미 또는 선호를 내가 인식하고, 명료하게 표현하고, 도야할 수 있는 경우를 대비시켜보고 싶어 할 수도 있다. 내가 어떤 신념을 가지고 있는 경우에만 내가 좋아함을 자랑할 수 있는 두 번째 경우가 그 좋아함, 취미 또는 선호 자체가 신념이라는 것을 함축하는 것은 아니다.

9) Plamenatz, 18면 이하.

10) Burkert를 보시오. 특히 II장을 보시오.

이 계속되어 온 의식을 찾는다면, 가톨릭 교회가 준수하도록 트렌트 공의회가 정한 특수한 의식을 들 수 있다. 그것은 약 1500년 동안 변하지 않은 채로 계속되어 오고 있다. 역사적으로 상이한 시대에 이 의식은 전적으로 서로 다른 암묵적인 신념과 태도와 관계를 맺을 수 있을 것이다. 1600년의 아브루찌의 농부들과 1950년의 토론토의 영국계 가톨릭 신도들은 '동일한' 세례 의식에 참여했다. 이 두 집단 구성원들 사이에 존재하는 헤아릴 수 없이 많은 차이점에도 불구하고, 이들이 의식과 의식에 대한 신념 등에 동일한 암묵적 태도를 표명한다는 사실은 놀라운 일이다. 한 사회의 대부분의 사람들이 반성 없이 의식과 관련지어 생각하는 신념이나 태도는, 그리고 그 의식에 참여함으로써 '표현하는 것'은 그 사회의 세련된 개념을 가지고 있는 사람들이 의식에 부여한 엇갈리는 신학적 해석으로 인하여 매우 다를 수 있다. 따라서 한쪽 끝에는 의식적인 행위, 이데올로기의 '비추론적 요소'가 있고, 그 반대 끝에는 매우 세련된 명시적 신학 곧 체계적으로 구성된 명제가 있고, 이 양끝 사이에는 다양한 종류의 다소간 명시적이고 다소간 세련된 신념과 태도와 관습이 있다.

앞으로의 논의를 위해서 일군의 행위자들이 가지고 있고, 사용하고 있는 일체의 신념, 태도, 개념의 집합에서 그것의 부분 집합을 뽑아내는 것은 유용하고 바람직한 일이다. 앞에서 내가 '순수히 기술적인 이데올로기'라고 지칭한 것을 세분화할 수 있는 유일하고 타당한 방법이 존재할 것 같지 않기 때문에, 이러한 세분화의 방법은 여러 가지 있을 수 있으며, 각각 세분된 부분에 대응하여 협소하지만 전적으로 타당한 '이데올로기'의 기술적 의미는 있을 수 있을 것이다.[11] 나는 '이데올로기'와 '이념' 사이에 존재하

---

11) 물론 어떤 구분은 다른 구분보다 더 유용하고 더 많은 설명력을 가질 수 있다. 내가 일반적으로 사용하고 있는 '순수히 기술적 의미의' 이데올로기는 대

는 밀접한 연관을 유지하면서, '이데올로기'란 용어는 어떤 사회의 행위자들이 가지고 있는 신념만을 지칭하는 개념으로 사용하려고 한다. 달리 말하면 (완전히 기술적인 의미에서) 이데올로기의 '추론적인 요소'만을 지칭하는 개념으로 사용하려고 한다.

초기의 프랑크푸르트학파와는 대조적으로 하버마스는 '이데올로기'라는 용어를 우선 첫째로 한 사회의 행위자들이 가지고 있는 신념을 지칭하는 개념으로 사용하고 있는 듯하다. 다음 단계에서 해야 할 일은 사회의 행위자들이 가지고 있는 총체적인 신념을 다소간 '천성적인(natural)' 부분들과 구분하는 것이다. 경우에 따라서는 '이데올로기'라는 용어를 모든 추론적인 요소들 중의 일부분을 지칭하는 개념으로 협의적으로 사용할 수도 있다. 하버마스의 이데올로기 논의에 비추어 판단한다면 그는 행위자의 모든 신념을 세분하는 주요한 두 가지 방식을 지지하는 것처럼 보인다. 곧 다음과 같이 좁은 의미의 이데올로기 구분 방식에 동의한다. (1) 이데올로기의 '명백한 내용'[12]의 차이점에 근거하여 '이데올로기들'(예를 들면 모든 신념들의 집합의 부분 집합으로)을 나눌 수 있다. 달리 말하면 신념이 무엇에 관한 신념인가 하는 차이점에 의해 이데올로기를 구별할 수 있다. 따라서 인간들의 행위에 대한 기준을 제시하고, 그것을 지키도록 강요하는 초인간적인 실재에 관한 신념을 '종교적 이데올로기'로 지칭하고, 반면에 경제적 거래에 대한 개념들은 '경제적 이데올로기'로 지칭할 수 있다. (2) 좁은 의미에 있어서 이데올로기의 기능적인 속성에 따라서 그것을 구별할

___

략 만하임의 '전체적 의미, total sense'(Mannheim, 54면 이하)와 대체적으로 대응한다. 내가 사용하는 이데올로기에 대한 '좁은 해석'은 그의 '특수 의미, special sense'에 대응한다(77면).

12) TW 160(T1 311면). 하버마스는 '진술의 명백한 내용'(der manifeste Gehalt von Aussagen)을 이야기하고 있다. TW에 들어있는 논문의 일부는 T5에 번역되어 있다. 그러나 여기서 인용한 논문은 T1의 부록으로 번역되어 있다.

수 있다. 여기서 말하는 '기능적 속성'이란 행위에 영향을 미치는 이데올로기의 요소들을 지칭한다.[13] 이러한 의미에서는 신념이 아무리 명백한 내용을 가지고 있다 할지라도, 그것이 주로 경제적 행위에 영향을 미친다면 그것은 '경제적 이데올로기'로 지칭된다. 그리고 종교적 행위에 주로 영향을 미치는 신념과 태도들은 '종교적 이데올로기'이다.

　대부분의 경우 이러한 두 가지 의미의 '이데올로기' 사이에는 밀접한 관계가 존재하거나 또는 적어도 두 가지 의미의 구체적으로 존재하는 이데올로기 사이에는 밀접한 관계가 존재할 것이다. 따라서 '종교적 이데올로기'는 직시적으로 초인간적 실재에 관한 신념, 예를 들면 종교적인 '명백한 내용'을 가진 신념이거나 또는 종교적인 행위나 실천을 사실상 규제하거나 영향을 미치는 신념이나 태도일 수 있다. '특정 종교적 행위'(의식에 관한 행위는 제외하고) 또는 '순수한 경제적 행위'나 그 밖의 다른 행위가 존재하지 않는다면, 이 같은 두 번째 의미의 이데올로기는 명백한 난점을 안고 있다. 곧 행위나 제도가 명확하게 정의될 수 없고, 쉽게 규정될 수 없다면 두 번째 의미의 이데올로기는 명백한 난점을 안고 있다. 특정한 행위나 관례를 어떻게 분류해야 하는가에 대해서 알지 못하는 경우도 있다. 어떤 행위가 종교적 의식인가, 경제적 관례인가, 정치적 관례인가 아니면 이 세 가지 요소가 모두 결합된 것인가 하는 것을 모를 수도 있다. 더욱이 그 행위를 몸소 실천하는 행위자가 그것을 분류하는 것과 관찰자로서 제3자가 분류하려고 하는 것에는 차이점이 있을 수 있다. 원리적으로 어떤 종류의 행위를 '종교적 행위'로 분류하는 것에 대해서는 어려움이 없

---

13) 비추론적인 요소들은 명제가 어떤 것에 '관한' 것처럼 어떤 것에 '관한' 것일 수 없다. 그러나 그것들은 기능적 성질을 가질 수 있다. 따라서 이러한 기능적 의미에서의 '종교적 이데올로기'는 그림, 노래 등을 포함할 수 있다.

다고 할지라도, 그 행위는 역시 정치 경제적인 측면의 함축과 내용을 가질 수 있다. '종교적 행위'라는 용어가 모호해지면 모호해질수록, 이러한 행위에 영향을 미치는 신념을 정의 내리기란 더욱더 어려워진다.

그러나 두 가지 의미에 있어서의 이데올로기들이 밀접한 연관을 가짐에도 불구하고, 이 구분을 유지하는 것은 중요한 의미를 지닌다. 왜냐하면 가장 흥미로운 경우에, 이데올로기적인 신념의 뚜렷한 내용과 그것의 기능적 성질 사이에 주요한 차이점이 존재하기 때문이다. 예를 들어보면 신(God)들의 본질에 관한 '종교적, 철학적' 신념이 실제적으로 경제적, 정치적인 일을 조정할 수 있기 때문이다. 일반적으로 다양한 행위나 관습이 어떻게 개인들에게 내면화되며, 어느 범위의 행위들이 '순수히 경제적인 행위'로 간주되며, 종교적 신념이 직접 관련을 맺고 있는 행위들 중에서 어느 정도까지가 '순수히 종교적 행위'[14]로 간주되는가 하는 것은 한 사회에 대해서 중요한 의미를 지닌다. 달리 말하면 뚜렷한 내용을 가진 어떤 종류의 신념이 어떠한 행위 영역에 대해 '이데올로기'로 작용할 수 있는가 하는 것이다. 그런데 이러한 의미에 있어서, 어떤 집단은 하나 이상의 이데올로기를 가질 수 있다. 곧 한 집단은 종교적 이데올로기, 경제적 이데올로기를 가질 수 있고, 이두 이데올로기는 어느 정도 중복되지 않을 수도 있다. 이 같은 좁은 의미로 사용되는 '이데올로기'는 '순수히 기술적인 의미의 이데올로기'와 매우 중요한 측면에서 서로 다른 것으로 구별된다: 모든 인간 집단은 어떤 신념을 가진 사람들로 구성되어 있다. 따라서 모든 인간 집단은 기술적인 의미의 이데올로기를 가지고 있다. 그러나 모든 집단이 모두 좁은 의미의 이데올로기를 가지고

---

14) Geertz(1971)는 어떤 영역이 '종교적 행위' 영역이 되는가는 '동일한' 종교 전통 속에서조차 변해가는 것을 보여주는 예들을 제시하고 있다.

있다고 말할 수는 없다. 원시 수렵 시대의 집단들은 국가를 구성하고 있지 않았으며, 국가 재정이 없었음은 더 말할 필요도 없다. 그들은 '재정적인 이데올로기'를 가지고 있지 않았다.

사회 이론가들은 어떤 집단의 '정치적 이데올로기' 또는 '경제적 행위에 대한 이데올로기'라는 말과 더불어 간단히 집단의 이데올로기라는 말을 사용하기도 한다. 이 때 집단의 이데올로기라는 말은 다음과 같은 사실 이상은 의미하지 않는 것 같다.

(a) '생산의 물질적 성질로 말미암아' 생산 자체에 기여하지 않는 일련의 모든 개념들과 신념들[15]
(b) 일련의 모든 도덕적, 규범적 신념들[16]
(c) 사회적 행위자로서 행위자가 자기 자신에 대해 가지고 있는 일련의 신념들.[17]

그러나 집단의 이데올로기라는 용어는 그 집단의 세계관이나 '세계상'을 의미하기도 한다. 세계관으로서 이데올로기라는 개념은 우리가 원래 '순수히 기술적인 의미의 이데올로기'라는 뜻으로 사용한 이데올로기와 일치하는 개념은 아니다. '순수히 기술적인 의미의 집단의 이데올로기'는 그 집단의 구성원들이 가지고 있는 모든 신념을 (이 말이 그 사용상 너무 광범위하고 너무 무차별적이라면, 이 말을 집단의 구성원들이 널리 나누어 가지고 있는 특징적인 신념을 지칭하는 개념으로 이해할 수도 있다) 포함한다.

---

15) Cohen, 47; 33~34, 45~47, 88면 이하. McMurtry, 125~126, 128, 130 이하, 140면.
16) Plamenatz, 323면 이하. 이와 관련된 사용에 대해서는 Barry, 39면 참고.
17) 《도이치 이데올로기》에서 마르크스는 이데올로기를 행위자의 '자기 자신에 대한 환상과 생각'이라고 말하였다. Marx, vol. 3, 46~47; 13면.

그러나 물론 집단의 구성원들이 가지고 있는 모든 신념이 모두 다 그들의 세계관에 속하는 것은 아니다. 비록 신념을 집단의 구성원들이 널리 나누어 가지고 있고, 그것이 그 집단의 구성원들에게 특징적으로 나타나는 것이라 해도, 그 신념이 가장 통상적인 의미의 '세계관'에 속하지는 않는다.

　개인이나 집단이 신념, 태도, 인생의 목적, 예술 활동의 형태 등의 다발을 임의로 '갖지' 않는다는 사실에 착안하여 '세계관으로서 이데올로기'라는 개념이 제시되었다. 이러한 다발은 일반적으로 어떤 정합성을 지니고 있다. 그러나 이러한 정합성이 어디에 있는가를 꼬집어 말하기란 매우 어렵다. 이 다발을 구성하는 요소들은 서로서로 복잡하게 뒤얽혀 있고, 모든 요소들은 어떠한 방식으로든지 서로서로 조화를 이루며, 이 전체적인 다발은 외부의 관찰자도 파악할 수 있는 특징적인 구조를 가지고 있다. 그런데 "세계관(world-view)"이라는 의미로 사용되는 '이데올로기'는 다음과 같은 성질을 가진 집단의 이데올로기(순수한 기술적인 의미에서)의 일부이다.

(a) 이 부분에 속한 요소들을 그 집단의 행위자들이 널리 공유하고 있다.

(b) 이 부분에 속한 요소들은 체계적으로 서로서로 관련을 가지고 있다.

(c) 이 요소들은 콰인이 사용한 의미에 있어서와 같이 '행위자들의 개념 도식에 있어서 핵심적인 구실'을 한다. 달리 말하면 행위자들은 그것들을 쉽게 포기하지 않는다.[18]

(d) 이 부분에 속한 요소들은 행위자들의 행동에 넓고, 깊은 영향

---

18) W. V. Quine, 1963, 42면 이하 .

을 미치거나, 특히 어떤 행동의 기본적인 활동 영역에 커다란 영향력을 행사한다.

(e) 이 부분에 속한 신념들은 그것들이 인간 삶의 중심적인 문제 (그것들은 죽음, 노동의 필요성, 성욕 등에 대한 해석을 부여 한다) 뿐만 아니라 중심적인 형이상학적인 문제와 관계를 맺 고 있기 때문에 '중요' 하다.[19]

위에서 지적한 성질들은 개략적인 정의에 불과하다. 어떤 세계 관이 위에서 지적한 성질들 중의 어느 하나를 가지고 있는가, 가 지고 있지 않은가 하는 것은 단지 정도의 문제이다. 달리 말하면 어떤 요소가 행위자의 실제적인 행동에 얼마나 폭넓게 영향을 미 쳐야만, 그것을 그의 세계관으로 간주하는가 하는 정도의 문제이 다. 뿐만 아니라 이러한 다양한 성질들의 순위를 정하거나, 영향력 을 가늠할 수 있는 규준적인 원리가 존재하는 것도 아니다. 따라 서 이 같이 다섯 가지 성질을 제시함으로써 집단의 '세계관' 이 뜻 하는 바를 상술할 수 있다는 점에 대해서는 일치가 있을 수 있다 고 하더라도, 특별한 경우에 있어서 무엇을 이 특정 집단의 세계 관 또는 이데올로기로 간주해야 하는가에 대한 불일치의 여지가 남아 있다. 모든 인간 집단이 세계관(모든 집단이 순수한 기술적 인 의미의 이데올로기를 가지고 있는 것과 같이)을 가지고 있는 가, 가지고 있지 않은가 하는 것은 부분적으로는 얼마나 엄격히 이 다섯 가지 성질을 해석하는가에 달려 있으며 또 부분적으로는 어떤 인간 집단을 선택하는가에 달린 문제이기도 하다. 지금까지 우리들은 암암리에 어떤 방식으로 집단을 선택하든 그것은 문제가 되지 않는 것처럼 생각해 왔다. 물론 특정한 생물학적, 인종적, 경

---

19) 하버마스는 KK 391면에서 '세계상' 을 '세계, 자연, 역사 전체에 대한 해석' 이라고 부른다.

제적, 사회적, 정치적, 언어적 기준에서 판단해 볼 때 개성을 가지고 있는 행위자들이 모인 집단이 동일한 하나의 세계관을 가지고 있다고 가정하는 것은 옳지 않을 수도 있다. 물론 이것은 하나의 강력한 (그리고 아주 받아들이기 힘든) 경험적 가정이다.

내가 고찰하려고 하는 마지막 기술적 의미의 '이데올로기'는 내가 '프로그램적 의미에 있어서의 이데올로기'라 부르는 것이다. 이러한 의미의 이데올로기는 다니엘 벨이나 그 밖의 '이데올로기 종언론자'가 사용하는 '이데올로기'의 의미와 관계를 맺고 있다. 벨은 '이념을 행동으로 전환하는 구실[20]'을 수행하는 것을 이데올로기라 한다. 그에 의하면 '전체적 이데올로기'는 '포괄적인 실재의 총괄적인 체계이며, 그것은 신념이며, 정열이 혼합되어 있으며, 전체적인 생활 방식을 변혁하려고 한다.'[21] 따라서 '전체적 이데올로기'는

(a) 행동의 프로그램 또는 계획이며[22]
(b) 어떻게 사회가 움직이고 있는가에 대한 명백하고 체계적인 모델이나 이론에 근거하고 있으며
(c) 전체로서 사회의 급진적인 개혁이나 재구성을 목적으로 하며
(d) 이론이나 모델을 정당화하는 증거에 근거하여 주장되지 않고,

---

20) Waxman에 들어있는 Bell 글, 88면.
21) 같은 책, 96면. 벨은 별로 주의를 기울이지 않고 개념을 만하임에 귀속시키고 있다. 만하임이 *Ideology and Utopia*(55~56면 이하)에서 이 개념을 도입할 때 만하임이 '전체적 이데올로기'에 부여한 의미는 이러한 것이 아니다. 만하임이 사용한 '전체적 이데올로기'라는 말에는 삶의 전체적인 방식을 전환하기 위한 행동의 프로그램이라는 의미는 없다.
22) Friedrich and Brzezinski, 75면 참고: '이데올로기는 본질적으로 행동과 연관된 이념의 체계이다. 이데올로기는 이러한 것을 실현하기 위한 어떤 프로그램과 전략을 전형적으로 포함하고 있다.

확신(정열)에 의해 주장된다.[23]

위에서 '(d)'를 덧붙임으로 말미암아 '이데올로기'란 말은 기술적이거나 비판단적인(non-judgemental) 의미로 사용되지 않고, 경멸적인 의미로 사용된다. 그러나 '(d)'가 첨부되지 않았다 하더라도 '전체적 이데올로기'에 대한 위의 정의는 어떤 의도를 품고 있다. 왜냐하면 '(c)'로 말미암아 벨을 위시한 자유주의자들이 그들이 이데올로기를 가지고 있다는 사실을 부정하기란 쉬운 일이기 때문이다. (왜냐하면 아마도 '전체로서 사회의 급진적인 개혁'을 옹호하는 자유주의자는 미국이나 유럽에 존재하지 않기 때문이다.) 나는 벨의 '전체적 이데올로기'의 '(a)'와 '(b)'를 (필수적인 요소로 '(c)'와 '(d)'를 포함시키지 않고) '프로그램적 의미에 있어서의 이데올로기'라고 부를 것이다.[24]

---

23) 나는 '열정을 불어넣는'이라는 구절을 이 구절이 의도한 것보다 더 과도하게 해석할 수도 있다. 나는 명백하게 여기에서 벨의 입장을 다른 사람 곧 포퍼의 입장과 일치시키려 하고 있다. 포퍼는 전체로서 사회에 대한 이론은 증거적 지지를 거의 갖고 있지 않기 때문에 급진적인 사회 변혁의 지침으로서 그 이론에 대한 어떤 자신감도 정당화될 수 없다고 생각하고 있는 것처럼 보인다. Popper, 1971, 9장; Popper, 1964, sections 21 이하 참고.

24) 만일 '이데올로기'가 '프로그램적 의미의 이데올로기를 의미한다'면 자유주의자들도 이데올로기를 가지고 있음은 분명하다. 그들도 사회와 그 사회가 어떻게 작동하는가에 대해 일반적인 견해를 가지고 있다. 더욱더 중요하게 사회가 어떻게 작동해야 하는가에 대한 일반적인 견해를 가지고 있다. 이러한 일반적 견해의 일부를 구성하는 어떤 종류의 결정은 탈집중화되어야 한다는 것이다. 이것은 프로그램적 의미의 이데올로기를 공허한 것으로 만드는 것처럼 보일 수 있다. 곧 '행동을 위한 프로그램'은 경제와 사회의 어떤 부분을 간섭하지 않는 '행동'일 수 있다. 사람들이 사회적 행동을 전혀 하지 않거나 그것을 위한 계획을 전혀 하지 않는 수렵 채취 사회의 경우와 사람들이 자유방임을 하나의 원리로 지지하고 어떤 종류의 중앙 계획도 하지 않을 때 사회가 가장 잘 작동한다는 이론에 따라 행동하는 경우를 구별하는 것이 나에게 단순한 말장난인 것처럼 보이지는 않는다.

2. 경멸적인 의미의 이데올로기

이데올로기에 대한 두 번째 이론은 특정 사회 구성원들의 신념, 태도, 욕망을 비판하는 측면에서 제시되었다. 이러한 연구 프로그램은 특정 사회의 행위자들이 그들 자신, 그들의 지위, 그들의 사회, 그들의 관심에 관해 기만당하고 있다는 사실을 관찰함으로써 제기되었다. 이 이론은 그들로 하여금 그들이 속고 있다는 것을 깨닫게 함을 목적으로 한다. 그들에게 그들이 왜 어떤 신념을 가지게 되었으며, 어떤 태도를 취하게 되었는가를 설명할 수 있다면, 그들이 속고 있다는 것을 확신시킬 수 있다. 또한 행위자들이 어떻게 이러한 기만을 발전시켜 왔고 왜 그들이 계속해서 그 기만으로부터 고통을 받고 있는가를 설명하고 이해하는 것에 대한 순수한 이론적 관심을 가질 수도 있다. 만일 이러한 기만에 의해 행위자들이 명백히 그들의 실질적인 관심과 반대되는 행동을 하면 할수록, 이론적인 관심은 더욱더 증대될 것이다. 그렇다고 하더라도 본질적인 측면에서 볼 때 이것은 1절에서 다룬 첫 번째 연구 프로그램(기술적인 의미의 이데올로기)과 같은 설명적인 이데올로기 해석은 아니다. 이 이론의 핵심은 행위자들을 특별한 종류의 기만으로부터 자유롭게 하는 것이다. 그런데 벗어나야 할 이데올로기적 기만의 대부분은 대단히 세련된 형태의 경험적 오류가 아니라 그것과는 아주 다른 것이라는 점이 흥미롭다.

이 프로그램에서 '이데올로기'란 개념의 기본적인 사용은 부정적이고 경멸적이거나 비판적이다. '이데올로기'는 '(이데올로기적) 기만' 또는 '(이데올로기적) 허위 의식'이다.[25] 나는 '의식의 형태'라는 용어를 신념, 태도, 경향성 등의 집합을 지칭하는 개념

---

25) WL 73, 95, 104(T6 71, 90, 99), TP 435면 이하.

으로 사용할 것이다.[26] 따라서 이 같은 탐구에서 제기된 기본적인 물음은 다음과 같다: 어떠한 의미에서 또는 어떤 성질에 의해서 의식의 형태가 이데올로기적으로 허위인가? 곧 그것은 경멸적인 의미의 이데올로기가 될 수 있는가? 이 물음에 대한 해답은 세 가지 방향에서 제시될 수 있다.

(a) 의식의 한 형태는 그것을 구성하고 있는 신념들의 인식론적인 성질 때문에 이데올로기적으로 허위이다.
(b) 의식의 한 형태는 그것의 기능적인 성질 때문에 이데올로기적으로 허위이다.
(c) 의식의 한 형태는 그것의 발생적인 성질 때문에 이데올로기적으로 허위이다.

위에서 제시한 물음에 대한 이와 같은 세 가지 대답이 각각 의미하는 것을 설명해 보자. 무엇이 의식의 형태를 이데올로기로 만드는가?

I. 여기에서 의식의 한 형태인 '인식론적인 성질'은 다음과 같은 것을 의미한다. 곧 의식의 한 형태에 포함되어 있는 기술적인 신

---

26) LS 48면(T2). 따라서 한 '의식의 형태'는 좁은 의미의 기술적 의미 가운데 한 가지 의미로 이데올로기이다. 곧 집단의 행위자들이 가지고 있는 모든 신념, 태도 등의 세트(set)를 구성하고 있는 체계적으로 서로 연결된 세트의 부분이다. 앞으로 나는 '의식의 형태'라는 용어를 사용할 것이다. 왜냐하면 나는 이데올로기가 '경멸적인 의미의 이데올로기' 곧 '허위 의식'을 의미하는 것으로 사용되길 원하기 때문이다. 따라서 지금부터 특별한 언급이 없다면, '이데올로기'는 '경멸적인 의미의 이데올로기'를 의미한다. 다음 자료 참고. KK 334, TP 310(T4 257), EI 16(T1 8), WL 96, 105(T6 90~91, 100면). 〔마지막 구절에서 'Bewußtseinsformationen' ('forms of consciousness')는 'information of consciousness'로 오역되었음에 유의하라.〕

념들이 이용 가능한 경험적 증거에 의해 지지되는가 지지되지 않는가. 또는 의식의 한 형태에 인식론적으로 차원이 다른 신념(예를 들면 기술적 신념과 규범적 신념)이 혼동되어 있는가 혼동되어 있지 않은가. 나는 '이데올로기'란 용어가 사용되는 네 가지 방식을 살펴볼 예정이다: 각각의 경우에 의식의 형태는 어떤 인식론적인 성격에 의해 이데올로기적인 것으로 간주될 것이다.

1. 만일 의식의 한 형태가 명백히 그것을 구성하고 있는 신념의 인식적 지위에 대해 본질적으로 오류를 범하고 있다면, 그것은 이데올로기이다. 여기서 말하는 '신념의 인식적 지위에 대한 오류'가 무엇을 의미하는가를 알아보기 위해 다음과 같은 보기를 들 수 있다. 초기의 논리실증주의자들의 주장에 따르면, 명제가 어떤 관찰 가능한 내용을 가질 때에만, 그 명제는 인식적 내용을 갖거나, 인식적으로 유의미하다. 경험적으로 검증할 수 없는 신념을 인식적으로 유의미하다고 생각하는 것은 인식적 지위에 대해 오류를 범하는 것이다. 따라서 이러한 주장에 따르면 모든 신학적인 의식의 형태는 이데올로기적인 것으로 거부되어야 한다. 왜냐하면 모든 신학적 의식의 형태는, 신에 관한 인식적으로 의미있는 논의가 있을 수 있다는 가정에 의존하고 있는 신념, 태도 등이 그럴듯하게 구성된 것에 불과하기 때문이다. 신에 대한 신념을 경험적으로 검증할 수는 없다. 그것들은 인식적 내용을 가질 수 없다. 신학적인 의식의 형태는 그것을 구성하는 중심적인 신념 중의 하나에 대한 인식적 지위에 대한 오류에 근거하고 있다. 논리실증주의자들이 모든 신학적 의식의 형태가 '이데올로기'라고 말할 때, 그들이 모든 종교적 신념이 (경멸적 의미의) '이데올로기'라고 주장하는 것은 아님을 염두에 두어야 한다. 곧 논리실증주의자들은 종교적인 신념이 지식의 형태로 가장하지 않는 한 그것들에 반대하지 않는다.

44

이데올로기에 대한 이러한 이용법은 의미의 검증 이론을 받아들이는 것에 의존하지는 않는다. 나는 충분히 의미의 검증 이론을 거부할 수도 있다. 예를 들면 나는 가치 판단은 기술적인 신념과는 구별되는 검증의 조건을 갖는다고 생각한다. 따라서 기술적인 신념과 매우 다른 '인식적 지위'를 갖는다. 나는 다만 가치 판단을 사실의 언명으로 위장하는 의식의 형태만을 '이데올로기적'이라고 부른다.[27]

2. 만일 의식의 한 형태가 본질적인 '객관화'의 오류를 포함하고 있다면, 그 의식의 형태는 이데올로기적이다. 곧 그것이 만일 사회 현상을 자연 현상으로 생각하거나 다른 방법으로 해석하는 잘못된 신념을 가지고 있다면 그것은 이데올로기적이다. 행위자나 '주체'는 만일 그들이 그들 자신의 활동을 허위로 '객관화'한다면, 이데올로기적 허위 의식으로부터 고통을 받는다. 달리 말하면 그들이 그들 자신의 활동을 그들에게 '생소한' 어떤 것으로 속임을 당한다면,[28] 특히 그들이 그들 자신의 활동을 그들의 통제를 벗어나 있는 자연적 과정으로 여긴다면, 그들은 이데올로기적 허위 의식으로부터 고통을 받는다.

3. 만일 의식의 한 형태가 어떤 부분 집단의 특수한 이해를 그 집단 전체의 이해로 생각하는 잘못된 신념을 포함하고 있다면, 그

27) Gustave Bergmann은 이러한 의미로 '이데올로기'를 사용하고 있다. 곧 '내가 "이데올로기 언명"이라고 부르려고 하는 사실에 대한 언명으로 위장하거나 혼돈을 일으킨 가치 판단'으로 이데올로기라는 말을 사용하고 있다(Brodbeck, 129면).

28) N2 400~401면과 TG 246면에서 하버마스는 마르크스가 이데올로기 개념을 '성찰에 대한 반대 개념'으로 발전시켰다는 주장을 전개하고 있다. "허위 의식 즉 주체 자신의, 주체에 있어서 낯선 객체화에 대한 주체의 필연적 기만이 파괴될 수 있는, 자기 성찰에 대한 반대 개념으로 발전시켰다." 마르크스의 고전적 구절은 자본론 1권, Marx, vol. 23, 85면 이하에 있는 상품 생산의 물신숭배를 다루는 장에 나온다.

의식의 형태는 이데올로기적으로 거짓이다.[29]

4. 만일 의식의 형태가 자기-정당화 또는 자기-성취적인 신념을 자기-정당화 또는 자기-성취적이 아닌 신념으로 잘못 생각하고 있다면, 그 의식의 형태는 이데올로기적으로 허위이다. '자기-정당화 또는 자기-성취적 신념'이라는 개념은 머튼[30]의 '자기-성취적 예언'이라는 개념을 따라 만들었다. 만일 우리들이 어떤 부분 집단 G의 구성원들이 게으르고, 신뢰할 수 없고 지성을 갖추지 않은 것으로 생각하여, 그들을 게으르게 하고, 신뢰할 수 없게 하고, 지성을 갖추지 못하게 하는 방식으로 그들에게 행동한다면, G의 구성원이 게으르고, 신뢰할 수 없고, 지성을 갖추지 않았다는 신념은 자기-성취적이다. 신념이 자기-성취적이라는 사실을 깨닫고 있는 한, 자기-성취적인 신념을 주장하는 데는 본질적인 잘못은 존재하지 않는다. 그러나 자기-성취적 신념을 비자기-성취적 신념으로 곡해하여 행위를 정당화함에도 불구하고, 달리 말하면 잘못된 인식적 지위를 사용함에도 불구하고, 마치 그렇지 않은 것처럼 행위의 정당화의 맥락에서 자기-성취적 신념이 사용될 때 이것은 마땅히 부당한 것으로 거부되어야 한다.[31]

II. 무엇이 어떤 의식의 형태를 이데올로기로 만드는가에 대한 두 번째 대답은 다음과 같다. 곧 의식의 형태는 그것의 기능적인 성질에 의해 이데올로기가 된다. 그러면 이러한 기능 중심적인 접근 방식을 세 가지 관점에서 살펴보기로 하자.

1. 어떤 의식의 형태가 이데올로기인 이유는 그것이 특정한 사

---

29) TG 289: KK 336, 391면; LS의 III부의 논의. 표준적인 논의는 Marx 전집 3권, 359면 이하, 374면 이하.

30) Merton, 421면 이하.

31) 가장 자기 성취적 신념은 객관화의 오류를 범하는 신념임에 주목하라.

46

회적 제도나 관례를 지지하고, 영속적으로 뒷받침하고, 정당화하는 기능이나 역할을 수행하기 때문이다. 하버마스는 통상적으로 통제나 지배(Herrschaft)를 안정시키고, 정당화하는 '세계상(world-picture)'을 이데올로기라 한다.[32] 그것이 부당한 사회적 제도, 정의롭지 못한 사회적 관례, 착취 관계 또는 통제를 뒷받침하고 정당화하기 때문에 그것은 이데올로기이다.

그러나 물론 이와 같은 관점이 전혀 애매함을 지니고 있지 않은 것은 아니다. 지배권을 지지하고, 조장하고, 안정시키는 기능과 지배권을 정당화하고 합법성을 부여하는 기능은 명백히 구별되어야 한다. 사회적 관례를 정당화하고, 합법성을 부여하는 신념이 그것을 지지할 수는 있다. 그러나 그 역은 성립되지 않는다. 지배 계층이 강하고 무자비하기 때문에 지배적인 사회 질서에 저항하는 것이 아무 소용이 없을 때에도 신념은 신념이다. 대부분의 사람들이 그 신념을 용인하게 되면, 그 신념은 기존의 지배 관계를 안정시키는 역할을 하게 된다. 그러나 이 신념이 그러한 관계를 정당화한다고 볼 수는 없다.[33] 따라서 '지배에 안정성을 부여하는 의식'과 '지배에 정당성을 부여하는 의식'은 동일하지 않다.

위에서 구분한 두 가지 의식은 이데올로기를 '사회적으로 필요한 환상'으로 정의하는 유명한 슬로건에 나타난 바와 같은 의식과 일치하지 않는다. 'f'라는 의식의 형태가 지배권을 "안정시킨다"'라는 언명은 두 가지 구별되는 방식으로 해석될 수 있다. (a) 'f'라는 의식의 형태가 지배권의 안정에 기여한다 (이러한 기여가 그 지배

---

32) 하버마스에 있어서 이데올로기는 '지배를 정당화하는 세계상' 또는 '지배를 할 수 있게 하는 세계상'이다. TG 120~121, 239 이하, 246~247, 258; TW 72[T5 99]; LS 34[T2 19], ZR 53; TG 257 이하, 279, 289면.
33) 비록 개인은 이것을 어떤 행동, 예를 들면 실패한 반란에 가담하지 않는 것을 정당화하기 위해 사용할 수도 있다.

권의 존속을 충분히 보장할 수 있는가 하는 것은 논란의 대상이 될 수 있다)'라고 할 때, '안정성을 부여한다'라는 동사는 '시행-동사'로 사용되었다. (b) 'f라는 의식의 형태는 지배권의 존속을 성공적으로 보장하고 있다'라고 할 때, '안정성을 부여한다'라는 동사는 '성취-동사'로 사용되었다. 따라서 기껏해야 (즉 '안정성을 부여한다'라는 동사가 '성취-동사'로 해석되는 경우에도) 'f라는 의식의 형태가 지배권의 안정에 기여한다'라는 것은 f라는 의식의 형태는 기존의 지배 관계를 존속시키는 것의 충분 조건이라는 것을 의미하지, 결코 그 사회의 존속이나 재생산의 필요 조건이라는 것을 의미하지는 않는다. 따라서 의식의 형태에 속한 신념이 사회적 제도나 관례에 정당성을 부여한다는 사실이 이 신념이 그것을 정당화할 수 있는 오직 하나의 신념이라는 것을 함축하지는 않는다. 더더구나 그 신념들이 관례를 더 이상 정당화할 수 없게 될 때, 그 관례가 더 이상 존속하지 않을 것임을 의미하지는 않는다.

'지배'라는 개념을 좀더 명백히 분석해 볼 필요가 있다. 나는 '지배'라는 개념 속에 포함되어 있는 몇 가지 '의미론적 성분'을 구별하려고 한다.[34]

A. '지배'는 억압할 수 있는 힘 곧 인간의 어떤 욕구에 반대되는 행동을 강요함으로써 욕구를 좌절시킬 수 있는 힘을 의미한다. 그러나 이러한 정의가 '지배'를 적절하고 충분하게 규정하지 못함은 분명한 사실이다. 여기서 문제가 되는 것은 '이데올로기'라는 개념의 비판적 사용이다. 어떤 것을 이데올로기라고 밝히는 것은 우리가 어떻게 해서든지 그것을 제거하려는 노력을 해야만 한다는 것을 의미한다. 현재 인간의 삶의 조건 아래에서 모든 사람의 바람이 빠짐없이 충족될 수 있다고 가정하거나 사람들 사이에서 발

---

34) 다음 논의는 주로 TG 246~247, 254, 285 이하, ZR 336면에 근거하고 있다.

48

생하는 갖가지 갈등이 남김없이 평화적으로 그리고 합리적으로 해소될 수 있다고 가정하는 것은 현실성이 없는 것처럼 보인다. 어떤 종류의 바람이 좌절되는 것은 비록 그것이 강제된다고 할지라도 정당하고 시비의 여지가 없어야 한다. 그러나 어떤 의식의 형태가 '지배'를 뒷받침한다는 의미에서 이데올로기임을 보인다고 하는 것이 그것이 제거되어야 할 이유를 제시하고 있는 것은 결코 아니다.

　B. '지배'는 어떤 정치 질서 안에서의 힘의 행사이고 어떤 정당성의 주장과 관계가 있다. 만일 일단의 침입자들이 한 나라를 강탈하여 단순히 힘만을 사용하여 그들이 원하는 바를 취하려고 했다면, 그것은 여기에서 말하는 의미의 '지배'를 행사하고 있는 것은 아니다. 행위자들이 소유하고 있는 규범적 성격을 지닌 신념에 따라 그들이 정당하다고 인정하는 바람을 좌절시키는 것이 '규범적 억압'이다.[35] '지배'는 규범적 억압을 행사하는 것이다. 그러나 그것 역시 '지배'에 대한 적절한 설명이 되지 못하는 명백한 이유를 가지고 있다. 만일 '지배'에 정당성을 부여하는 주장이 타당하다면 '지배를 뒷받침하고 정당화하는 것'에 어떠한 잘못도 있을 수 없다.

　C. 일반적으로 '지배'의 분배는 공정하지 못하다. 지배는 한 집단의 다른 집단에 대한 지배이다. 이러한 이유 때문에 흔히 지배가 행사되고 있는 사회에서는 어떤 집단은 다른 집단과 비교해서 더 높은 정도의 욕구 좌절을 체험하게 된다. 그러한 사회는 평등주의적인 사회보다 훨씬 더 억압적이다. 그러나 억압할 수 있는 힘이 평등하게 분배되어 있는 사회에서 지배가 행사되고 있다고 말하는 것은 이상하게 들린다.

---

35) TG 254면.

   그러나 지배에 대한 이러한 개념 역시 우리가 사용하고 있는 이데올로기라는 개념을 설명하기에는 적절하지 못하다. 만일 규범적인 억압을 행사할 수 있는 힘의 분배가 항상 정당하지 못한 것이 아니라면, 한 의식의 형태가 이러한 힘의 분배를 지지하거나 정당화한다는 것을 보인다는 사실 자체가 그 의식의 형태가 거절되어야 한다는 사실을 어떠한 방식으로도 함축하는 것은 아니다. 적어도 마르크스주의자들은 사회제도의 정당성 문제에 추상적인 방식으로는 대답할 수 없다고 생각한다. 바꾸어 말하면 이러한 문제가 발생하는 실제적인 역사적 상황을 고려하지 않고 대답할 수 없다고 생각한다. 뿐만 아니라 물질적 생산력이 발전하고 있는 어느 단계에서는 억압적이고 규범적인 힘의 평등하지 못한 분배가 역사적으로 필연적이라고 생각한다. 곧 사회 자체가 유지되고 재생산되기 위해서는 억압적이고 규범적인 힘의 분배가 역사적으로 필연적이라고 생각한다. 만일 어떤 힘의 분배가 '필연적'이라면 그 힘의 정당성을 문제 삼는 것은 아무런 의미가 없는 것처럼 보인다.

   아마도 우리는 규범적 억압을 행사할 수 있는 불평등한 힘의 분배를 '지배'로 부르고 싶어 할 것이다. 비록 (역사의 어느 특정 단계에서) 그러한 '지배'가 역사적으로 필연적인 경우에도 그러하다. 또한 우리가 만일 불평등한 힘의 분배가 현재는 필요하지 않다는 것을 알지 못한다면, 어떤 한 의식의 형태가 불평등한 힘의 지배를 지지한다는 것을 보여준다고 하더라도 그것 자체가 그 의식을 거절해야 한다는 이유를 제시하는 것은 아니다.

   D. 한 사회가 그 사회의 구성원들에게 '과잉 억압'을 부과한다고 말하는 것은 그 사회를 유지하고 재생산하기 위해서 필요한 것 이상으로 구성원들의 바람을 좌절시킨다는 것을 의미한다.[36] 따라서 '과잉 억압'은 이 억압이 사회 구성원들에게 어떻게 분배되는가를 말하지 않고 그 사회 전체 억압의 총합을 말한다. 만일 '지

배'가 위의 C에서 말한 것처럼 정의된다면 '과잉 지배'는 한 사회
를 유지하고 재생산하기 위해 요구되는 것 이상의 '지배'를 행사
하는 것이라 할 수 있다.[37] 이렇게 되면 우리는 '이데올로기'를
'과잉 지배를 지지하고 정당화하는 의식의 한 형태'로 정의할 수
있다. 그러나 의식의 한 형태가 과잉 지배를 지지하고 정당화한다
는 것을 발견하는 경우에 왜 우리는 그러한 의식을 거부해야만 하
는가? 과잉 억압은 항상 정당하지 못한가? 왜 정당하지 못한가?[38]

  2. 두 번째 종류의 '이데올로기'에 대한 기능적 정의는 '이데올
로기'를 물질적 생산력의 최대한의 발전을 지연시키거나 방해하는
의식의 형태로 간주한다. 이러한 입장은 마르크스가 물질적 생산
력의 발전을 인간 사회의 고유한 목적으로 간주하고 있다는 해석

---

36) 이것이 하버마스의 '과잉 억압'의 의미이다 (EI 80〔T1 57~58〕, TG 290면
 참고). 아마도 이것은 마르쿠제와 동일하지 않을 것이다. 32면에서 마르쿠제는
 '과잉 억압'은 '사회적 지배를 위해 필요한 제약'을 의미하였다. 만일 '사회적
 지배'가 '규범적 권력의 불평등한 분배'를 의미한다면, 하버마스적 의미에서의
 '과잉'이 아닌 '사회적 지배가 요구하는' 억압이 존재할 수 있다. 따라서 '수
 력(水力)' 사회에서 계급으로서 성직자는 농민보다 더 강한 규범적 권력을 가
 질 수 있고, 성직자는 그들의 연속적인 지배를 유지하기 위해 농민들에게 상당
 정도의 규범적 권력을 전형적으로 부과할 수 있다. 이러한 억압이 마르쿠제의
 입장에서 '과잉' 억압이다. 만일 이러한 규범적 권력의 철저하게 불평등한 분
 배가 매우 낮은 생산력과 대규모 관개에 의존하는 사회가 작동하고 재생산될
 수 있는 유일한 방법이라면, 자신들의 지위를 유지하기 위해 성직자가 강요하
 는 '억압'은 하버마스적인 의미에서 '과잉 억압'이 아니다.

37) 가장 통상적인 경우, 과잉 억압이 존재하는 곳에는, 역시 과잉 '지배'가 존재
 할 것이다. 만일 과잉 억압의 '과실'이 불평등하게 배분되지 않는다면, 원동력
 을 가진 행위자들이 집단적으로 무엇을 위해 필요 이상의 억압을 그들 자신에
 게 부과하겠는가? 이러한 경우 불평등한 분배의 수익자들은 그 과정의 지속을
 통해 자기 몫을 가질 것이다.

38) 질문은 '정당하지 못한 억압'이 하나의 구별될 수 있는 범주인가 아닌가 하
 는 것이다. 지배, 과잉 억압 등이 있을 수 없다면, 어떤 정당하지 않은 것이 존
 재하겠는가? 과잉 억압이 아니거나 지배의 사례가 아닌 정당하지 못한 그러한
 억압이 존재할 수 있겠는가? 이 질문은 3장에서도 중요한 것이 될 것이다.

과 관계를 맺고 있다.[39] 우리는 이러한 개념과 '과잉 억압'이 맺고 있는 관계를 어렵지 않게 알 수 있다. 만일 한 의식의 형태가 물질적 생산력의 발전을 지연시킨다면, 그 의식은 명백하게 그 사회의 행위자들에게 그들이 필요로 하는 것보다 더 많은 억압을 강요하기 때문이다. 그러나 과잉 지배와의 관련을 파악하기란 힘들다. 아마도 행위자들이 가질 것 같이 보이는 동기로부터 하나의 논증을 이끌어 낼 수도 있을 것이다. 만일 과잉 억압이 한 사회의 특정 집단에 이익을 주지 않는다면 그 사회에 속해 있는 어느 행위자도 필요 이상의 억압을 강요하려는 동기는 갖지 않을 것이다. 그러나 특권층은 그러한 동기를 가질 것이다.

3. 마지막으로 우리는 '사회적 모순을 은폐하는 데'[40] 봉사하는 의식의 형태를 '이데올로기'라고 부를 수 있다. '사회적 모순의 은폐'는 그 모순으로부터 사람들의 관심을 딴 데로 돌리게 하는 요소도 포함하기 때문에, 그러한 의식의 형태는 어떤 거짓 믿음도 포함하지 않고 사회적 모순을 성공적으로 은폐할 수 있다. '사회적 모순'이라는 개념은 너무 복잡하고 애매하기 때문에 여기서 적절히 다룰 수는 없다. 그러나 다음과 같은 사실은 언급하고 지나가기로 하자. 만일 우리가 한 사회 구조 안에서의 '중요' 모순을 생산 관계와 생산력 사이의 모순으로 간주한다면, 그리고 만일 이러한 '모순'이 생산 관계가 생산력의 발전을 저해하기 때문에 발생한다고 생각한다면 사람들이 세 번째 기능적인 이데올로기에 대한 접근에서 두 번째 접근으로 옮아가는 이유를 쉽게 알 수 있다.[41]

---

39) Cohen(1978) 참고. 프랑크푸르트학파 사람들은 마르크스의 이러한 요소들을 깨닫고 있었다. 그러나 그것은 잘못이라고 생각하였다. WL 73(T6 70~71면).

40) Larrain, 45면 이하.

41) Cohen, chs, VI, X, XI 참고.

경멸적이고 비판적인 의미로 사용되는 이데올로기는 일종의 기만이거나 허위 의식이다. 위에서 언급한 '기능적' 의미 가운데 하나 또는 다른 의미의 이데올로기를 어떤 사회든지 그 사회의 구성원들이 거부하는 것이 아주 가치 있는 일이라는 것을 인정한다면, 그러한 이데올로기는 그것이 하나의 기만이기 때문에 또는 그것이 어떤 의미에서 거짓이기 때문에 거부되는 것인가? 의식의 한 형태는 어떤 종류의 추론적인 요소도 포함하지 않을 수 있다. 그러한 요소가 왜 거짓일 수 있는지는 분명하지 않다. 비록 의식의 한 형태 안에서의 신념이 그것이 기만이라는 이유가 아닌 다른 어떤 이유로 거부되거나 포기되는 것이 가치 있는 일일 수 있다고 하더라도, 그러한 신념은 역겹고, 둔감하고, 부도덕하고, 불결하고, 추할 수 있다. 만일 내가 가지고 있는 의식의 한 형태가 필요 이상으로 나의 욕구 좌절을 초래한다는 것을 안다면 나는 그것을 포기하거나 바꿀 근거를 가지고 있다고 느낄 수 있다. 그러나 이것이 내가 그것이 '거짓'이거나 어떤 종류의 기만이라고 생각하고 있다는 것을 의미하는 것인가. 그것이 기만이라는 의미는, 내가 이러한 형태의 의식의 기능적 성질에 대한 어떤 것을 알게 되었다고 한다면 나는 그것을 더 이상 유지하지 않을 것이라는 주장을 함축하고 있다. 한 의식의 형태가 '거짓' 또는 기만으로 분류되는 이유는 내가 그것의 기능성에 대해서 전혀 모르고 있거나 잘못된 믿음을 가지고 있어 그것을 계속 유지하고 있기 때문이다.

Ⅲ. 의식의 한 형태가 어떤 이유로 이데올로기가 되는가에 대한 물음에 대답하는 중요한 세 번째 방법은 그 의식의 발생론적 성질을 밝히는 것이다. 곧 그것의 기원, 발생 또는 역사에 대한 사실을 밝히는 것이다. 그것이 어떻게 발생하였는가, 행위자들이 그것을 어떻게 획득하고 주장하게 되었는가, 행위자들이 어떤 동기에 의

해서 그것을 채택하고 그것에 따라 행동하게 되었는가에 대한 사실을 밝히는 것이다.

런시만의 주장에 따르면 후기 엥겔스에 있어서 의식의 한 형태가 이데올로기적으로 거짓이 되는 이유는 그 의식을 구성하고 있는 '신념과 태도'가 '인과적인 의미로 사회적인 상황과 관계를 맺고 있어 그것을 믿는 사람의 이해 관계와 관련을 맺고 있기' 때문이다.[42] 이러한 주장에 따르면 아마도 한 의식의 형태는 그것의 연원적 역사에 의해 이데올로기가 된다. 만하임도 이와 유사한 주장을 하였다. 의식의 한 형태는 그것을 가지고 있는 사람들의 계급적 입장의 '표현'이기 때문에 이데올로기가 된다는 것이다. 달리 말하면 그 의식의 기원은 그 사회에서 특별한 지각이나 이해 관계나 가치를 가지고 있는 특정 계급의 특정 경험으로 소급될 수 있기 때문에 그 의식은 이데올로기가 된다는 것이다.[43] 마지막으로 프랑크푸르트학파의 구성원들 저작에서 지배적인 정신 분석과 사회 이론 사이의 유비는 이데올로기는 '집단적 합리화' 곧 행위자들이 인지할 수 없는 이유로 그들이 받아들이는 신념과 태도의 체계로 해석될 수 있음을 시사하고 있다.[44] 그런데 '할 수 없다는' 것이 여기서 의미하는 바가 무엇인가?

이러한 발생론적인 접근 방식은 이데올로기를 이해하는 데 기능적인 접근보다 더 많은 문제점을 제기하는 것처럼 보인다.[45] 한

---

42) Runciman, 212면. 이것이 근거하고 있는 엥겔스의 구절은 1893년부터 Mehring에게 보낸 편지에 나오는 구절이다(Tucker, 648면에 번역되어 있다). 그 구절은 다음과 같다. "이데올로기는 소위 말하는 사상가들이 허위 의식을 가지고 의식적으로 실행하는 과정이다. 실제적 원동력은 그에게 그가 모르는 상태에 있도록 강요한다. 그렇지 않으면 그것은 이데올로기적인 과정이 아닐 것이다."

43) Mannheim, 55면 이하, 77면 이하.

44) TW 159~160(T1 311면).

의식 형태의 기원, 동기 또는 연원에 대해 어떤 것을 알았다고 하는 사실이 그것이 '허위 의식' 또는 '기만'이기 때문에 거부해야 한다는 주장보다 더 강한 (합리적인) 근거를 제시할 수 있겠는가. 물론 그 의식의 형태가 우리를 미심쩍게 할 수 있는 불미스러운 연원을 가지고 있다면, 우리는 그것이 포함하고 있는 믿음을 세심한 주의를 기울여 검토할 수 있고, 그러한 태도를 취하는 것이 함축하는 바가 무엇인가에 대해 한번 더 생각할 수는 있지만 그것 자체로서 그 의식의 형태를 거부해야 할 충분한 이유를 우리에게 주지는 못한다. 물론 의식의 한 형태가 '한 집단의 경험에서 나왔다'는 의미에서뿐만 아니라 그것이 계급의 입장을 공유하고 있는 사람들에게만 오직 타당하다는 의미에서 달리 말해 그것이 그들의 특수한 욕구, 문제와 가치를 대변하고 있다는 의미에서 사회 안에서 한 집단의 계급의 입장을 '표현'하고 있다면 그것은 그 계급의 입장을 공유하고 있지 않은 그러한 사람과는 아무런 관련이 없을 수도 있다. 그러나 그것이 우리와 관계가 없다고 말하는 것은 그것이 기만이라고 말하는 것은 아니다. 그것은 확실히 그들에 대해서 어떤 형태의 기만이라고 볼 수도 없다. 만일 우리가 그것을 거부한다면, 그 이유는 그것이 우리에게 '타당하지 않기' 때문이다. 그것이 우리에게 타당하지 않다고 하는 사실은 그것의 연원에 대한 지식을 갖지 않고서도 알 수 있다. 연원을 밝히는 것은 그것이 왜 타당하지 않은가를 설명할 수는 있어도, 연원 자체가 그것을 거부해야 할 근거는 되지 못한다. 곧 그것의 부당성의 근거는 되지 못한다.

지금까지 '발생론적 오류'에 대한 비판의 역사는 아주 길다. 한 신념이 어떻게 발생했는가 밝히는 것은 그 신념의 참 거짓과 아무

---

45) Mannheim, 271 이하, 283 이하, 286~287, 291면 이하.

런 관계도 없다. '발견의 맥락'과 '정당화의 맥락'은 명확히 구별되어야 한다. 만일 경멸적인 의미의 이데올로기에 대한 발생론적 접근 방식이 그 근거를 잃었다고 한다면 과학적인 언명에서는 타당한 것으로 인정되고 있는 '발생론적 오류'를 지적하는 것이 필연적으로 의식의 형태에 대한 오류를 지적하는 것은 아니다.

나는 이미 이 논의가 진행될 방향에 대해 암시를 하였다. 위에서 정신 분석과 사회 비판 사이의 유비를 말할 때 이데올로기는 행위자들이 인지할 수 없는 이유나 동기에 의해 그들이 받아들인 신념이나 태도의 체계로 이해될 수 있다고 말하였다. 내가 가지고 있는 신념과 태도와 습관적인 행위를 내가 채택하게 된, 인지될 수 없고 승인가능하지도 않은 동기를 내가 찾아내려고 한다고 가정해 보자. 내가 인정할 수도 없고 내가 받아들일 수도 없는 완전히 자기 도취적인 이유에 의해 나는 도덕적인 어떤 행동을 습관화하기로 하고 그렇게 하려고 노력하였을 것이다. 그러한 방식으로 행동하는 동기나 이유를 내가 받아들일 수 없는 경우에도, 습관적인 행동은 도덕적인 행동의 습관일 수 있다. 바꾸어 말하면 나는 잘못된 이유에 의해 옳은 일을 계속할 수 있다. 이러한 경우 내 자신의 동기를 인지하고 깨닫자마자 나는 사실상 그러한 행동을 하려는 노력을 그만둘 수도 있고, 그렇지 않을 수도 있다. 어떠한 경우이든 습관적인 행동은 내가 체득하려고 하는 올바른 행동으로 남을 수도 있다. 그리고 나는 여전히 그것이 올바른 습관이라는 것을 인정할 수 있다(나는 강한 동기를 더 이상 가지지 않고 그 행동을 습관화하려고 계속 노력할 수도 있다). 그러나 '이데올로기들'의 경우, 그 이데올로기들이 인정되지 못한 동기들 또는 이유들에 의해 채택되었다고 말할 수는 없지만, 행위자들의 인정될 수 없었던 동기들에 의해 채택되었다고 할 수는 있다. 아마도 이것이 의미한 바는 다음과 같을 것이다. 만일 행위자들이 이러한

56

것이 그들의 동기였다는 것을 깨닫고 인지하게 된다면 이것으로 말미암아 그들은 그 이데올로기를 계속 받아들여야 할 동기나 이유를 상실하게 될 것이다.

우리는 이와 같은 사례 곧 의식의 한 형태를 채택하는 유일한 동기나 이유가 인지될 수 없는 그러한 사례가 실제로 존재하는가에 대해 의문을 제기할 수도 있다. 또한 동기가 '인지될 수 없다' 라는 말의 의미를 명확히 하라는 요구를 할 수 있으며, 그것은 정당한 요구이다. 마지막으로 이러한 종류의 분석이 한 의식의 '연원' 또는 '기원과 발생'을 포함하는 다른 경우에까지 확장될 수 있는가에 대해 의문을 제기할 수도 있다. 그러나 이러한 예상되는 반대를 피할 수만 있다면 이데올로기에 대한 발생론적 접근이 이데올로기의 의미를 기만이나 허위 의식으로 해석할 수 있는 기회가 될 수 있다. 그 의식의 형태는 그것을 받아들이는 행위자들의 참된 동기의 측면에서 본다면 무지나 거짓 믿음을 요구하기 때문에 거짓일 수 있다.

따라서 '이데올로기'라는 개념은 한 의식의 형태를 비판하기 위해 경멸적인 의미로 사용되었다. 왜냐하면 이데올로기는 거짓 믿음과 하나가 되어 있거나, 비난받을 만한 기능을 하고 있거나, 오명의 기원을 가지고 있기 때문이다. 나는 이러한 세 가지 종류의 비판을 각각 인식적 측면에서의 비판, 기능적 측면에서의 비판, 발생적 측면에서의 비판이라고 부를 것이다.[46] 이러한 세 가지 비판의 양식 가운데 어느 것이 이데올로기론에 대해 기본적인가를 결정하는 것은 매우 중요한 문제이다. 이데올로기론은 인식론에서

---

46) Niklas Luhmann은 이데올로기에 대한 표준적인 견해 가운데 일부를 (표준적인 견해 모두를 폐기하기 전에) 다음과 같이 요약하였다. "이데올로기의 본질은 인과적 실현에 있지 않다. 또한 진리가 아니라 결과를 중요시하는 유용성에 있지도 않다. 마지막으로 이데올로기의 본질이 그것의 원래의 동기를 은폐

출발하였는가? 이데올로기론은 사회에의 정당한 기능에 대한 이론과 어떤 형태의 사회 조직이 비난받아야 하는가에 대한 이론에서 출발하였는가? 의식의 형태의 어떤 '기원'은 승인되고 어떤 '기원'은 승인될 수 없는가에 대한 이론에서 출발하였는가? 비록 이러한 세 가지 형태의 비판 가운데 어느 하나 또는 그 밖의 것이 기초적이라 하더라도 흥미로운 이데올로기론은 세 가지 가운데 둘 사이의 관계나 셋 사이의 관계를 주장하는 그러한 이론일 것이다. 지지자들이 비판 이론을 '변증법적'(따라서 경쟁적인 이론보다는 우월한)이라고 부르는 이유 가운데 하나는 비판 이론이 한 의식의 형태의 '본래적인' 진리 또는 거짓을 그것의 역사, 기원, 사회에서의 기능과 명시적으로 관련을 시키기 때문이다.

3. 긍정적인 의미의 이데올로기

'이데올로기' 개념이 논의될 수 있는 연구 프로그램이, 1절에서 취급된 기술적이고 설명적인 논의와 2절에서 다루어진 비판적 이해에만 국한되는 것은 아니다. 인간 집단들이 각기 일련의 특징적인 태도, 습관, 신념, 예술적 표현 양식 그리고 특유한 세계관 등의 '문화'나 '사회 문화적 체계'를 지니고 있다는 것은 새삼스러운

___

하는 데 있는 것도 아니다. 행위의 방향을 정해주고, 정당화를 제공하는 기능에 있어서 사고가 대체될 수 있는 것이라면, 오히려 사고가 이데올로기적이다"(57면). 물론 첫째와 셋째는 '발생론적인' 차원을 언급하고, 둘째는 '기능적' 차원을 언급하고 있다. 하버마스는 루만을 이데올로기에 대한 그의 기능주의적 이론이 이데올로기가 '허위'가 될 수 있는 의미의 여지를 남겨두고 있지 않기 때문에, 곧 '인식적 차원'의 분석을 결여하고 있기 때문에 비판하였다(TG 239면 이하). 앞으로 분명하게 밝혀지겠지만, 하버마스가 이데올로기를 '허위'라고 할 수 있어야 한다고 주장하는 이유는 이것이 그가 치명적인 상대주의를 피할 수 있는 유일한 방법이라고 생각하기 때문이다.

사실이 아니다. 따라서 문화에 참여하고 있다는 것은 깊은 인간적 욕구를 만족시키는 한 방편이다. 사람은 문화와 연관관계를 맺고 사는 행위자에게만 가능한, '의미 있는, 삶과 정체성을 향한 본질적인 욕구를 지니고 있다.[47] 이러한 기본적 욕구를 부분적으로 만족시킬 수 있었기 때문에 전통적인 종교적 세계관들이 그렇게 오래 유지될 수 있었던 것이다. 그러한 세계관은 행위자에게 승인된 행동양식, 목표, 이념, 가치 그리고 태어남과 죽음, 고통, 악 등 삶의 실존적 특징에 대한 해석을 제공한다. 기본적인 실존적 욕구 외에도 행위자와 인간 집단들은 일련의 습관, 신념, 태도, 주어진 '문화'가 대체로 적절하게 충족시키는 보다 일상적인 욕구, 욕망, 이해 관계를 지닌다. 어떤 인간 집단이 놓여 있는 객관적 상황과 그들의 욕망, 욕구, 이해 관계라는 문맥에서 볼 때, 우리는 다음과 같은 문제를 제기할 수 있게 된다. 즉 어떤 사회 문화적 체계나 세계관이 그 집단에게 가장 적당한가, 바꿔 말하면 어떤 종류의 '이데올로기'(기술적인 의미에서)가 집단의 구성원들로 하여금 그들의 욕망과 필요를 가장 용이하게 만족시킬 수 있게 하고, 이해 관계를 진작시킬 수 있게 하는가의 문제이다. 앞으로 이 문제는 인간 집단을 위한 '긍정적인 의미의 이데올로기'를 산출하는 작업으로 불릴 것이다. 이러한 의미에서의 이데올로기는 기술적인 의미나 경멸적인 의미의 이데올로기와는 큰 차이를 보인다. 기술적인 의미의 이데올로기가 발견(또는 설명을 위해 가설적으로 상정)되어지는 것이고, 경멸적인 의미의 이데올로기는 비판하기 위해 발견-격리되어지는 것인 데 반해, 긍정적인 의미의 이데올로기는 주의 깊은 경험적 조사에 의해서 찾아질 수 있는 '저기 있는' 그 무

---

47) '복합 사회가 합리적 정체성을 형성할 수 있는가?' (ZR)와, '의식 형성적 또는 해방적 비판—발터 벤야민의 현실' (KK)의 V, VI, VII절, 그리고 LS의 II절 6, 7과 III절의 4, 그리고 TG 163~164면을 보라.

엇이 결코 아니기 때문이다. 특정한 사회가 긍정적인 의미의 이데
올로기를 가진다는 것은 절실한 요구 사항일 수도 있다. 이런 의
미에서의 이데올로기는 따라서 구성되어야 하고, 창조되어야 하며,
안출되어야 할 그 무엇이며, 바꿔 말하면 만들어져야 할 진리
(*verité à faire*)[48]인 것이다.

　인간 집단을 위해서 긍정적인 의미의 이데올로기를 구성하는
이런 작업에 대한 최초의 묘사는 아마도 레닌의 [무엇을 할 것인
가?]에서 발견된다.[49] 여기서 레닌은 노동계급의 대부분의 구성원
들이 실제로 지닌 믿음과 태도는 그들이 처해 있는 객관적인 상황
에 걸맞지 않다고 주장한다. 프롤레타리아는 스스로의 기본적 욕
구를 만족시키고 핵심적인 이해 관계를 증진시킬 수 있는 일련의
신념과 태도를 갖고 있지 못할 뿐만 아니라, 그냥 그대로 두면(자
발적으로는) 적절한 의식형태를 결코 발전시키지 못하며, 기껏해
야 ‘부르주아 이데올로기’의 타락한 형태에 지나지 않는 노조 의
식밖에는 이루지 못한다.[50] 정당한 프롤레타리아적 세계관은 따라
서 전위당원(그들 중의 상당수가 부르주아 계급 출신인)에 의해서
외부로부터 프롤레타리아로 도입되지 않으면 안 된다. ‘노동 운동
이 스스로를 위한 독자적 이데올로기를 형성하는’[51] 작업을 공산
당의 지식인들이 도울 것을 레닌이 촉구했을 때, 그가 기술적인
의미로서 ‘이데올로기’란 용어를 쓰고 있지 않다는 것은 분명하
다. 그는 노동 운동이 실제로 지닌 신념과 태도를 밝히라고 당의
지식인들에게 요구하고 있지는 않다. 그런 신념과 태도에 대해 상
세히 설명하는 것 자체가 또 다른 형태의 ‘부르주아 이데올로기’

---

48) 이 용어는 메를로 퐁티의 것이다. TP 425면 이하 참조.
49) Seliger, 81면 이하 참조.
50) Tucker, 27면 이하와 32면.
51) Tucker, 27면.

를 산출하는 결과를 빚을지도 모른다. 마찬가지로 레닌은 이데올로기라는 용어를 경멸적인 의미로 쓰고 있지도 않다. 왜냐하면 공산당의 지식인들이 어떤 형태의 허위 의식을 노동 계급 사이에 유포해야 한다고 암시하고 있지도 않기 때문이다. 노동자들이 스스로의 이해 관계에 따라서 사회를 재구성할 수 있게 해주는 일련의 신념과 태도가 바로 '노동 운동의 독자적인 이데올로기'일 것이다.

우리가 긍정적인 의미의 이데올로기를 경멸적인 의미의 이데올로기와는 다른 독립적인 범주로 특성화시키려면, 긍정적인 의미의 이데올로기가 행위자의 필요와 욕구를 효과적으로 충족시켜 준다고 말하는 것만으로는 충분치 않다. 우선 긍정적인 의미의 이데올로기가 만족시켜야 한다는 욕망, 욕구, 이해 관계에 어떤 제한이 가해져야만 한다. 예컨대 명시적으로 가학인 욕구나 남을 예속, 착취, 지배하려는 욕망들은 제외될 것이다. 또한 집단의 욕구와 욕망을 충족시키는 방식에도 제한이 있어야 된다. 의도적이고 경험적인 거짓, 분명히 모순된 신념, 신경증적이거나 편집증적인 태도 등은 허용되지 않을 것이다. 만약 어떤 집단의 구성원들이 아주 강력한 공격적 욕구를 가지고 있고, 그들의 적의를 힘없는 소수에게 집중시키게 만드는 일련의 거짓된 신념에 병적으로 집착한다고 가정해 보자. 이러한 신념이 보복에 대한 두려움 없이 그들의 공격적 욕구를 만족시키는 데 매우 효과적일 수 있지만, 그러나 이것을 긍정적인 의미의 이데올로기로 간주한다면 긍정적인 의미의 이데올로기와 경멸적인 의미의 이데올로기 사이의 차이가 모호하게 될 것이다.

그러나 어떤 경우에는 이데올로기 개념에 대한 이 같은 제한을 필요하게 만드는 문제가 발생하지 않을 수도 있다. 루카치는 《역사와 계급 의식》에서, 자본주의 사회에 대한 '과학적으로 정확한'

설명을 포함하는 믿음들이야말로 자본주의 사회의 프롤레타리아로 하여금 스스로의 이해 관계를 가장 효과적으로 진작시킬 수 있게 하는 믿음이라고 주장했다.[52] 또한 '정확한' 믿음이란, 프롤레타리아에게 일반적으로 유용할 뿐만 아니라 프롤레타리아가 스스로의 이해 관계에 맞게 사회 전체를 재조직하기 위해서는 반드시 필요하다는 것이다. 행위자들이 참된 믿음을 가지고 있을 때 스스로의 이해 관계를 가장 효과적으로 충족시킬 수 있으리라는 명약관화한 사실을 감안해 볼 때 이 주장의 첫 번째 부분이 하찮은 것으로 간주될 수도 있지만 루카치는 결코 그렇게 생각지 않았다. 프롤레타리아와는 대조적으로 부르주아는 '무의식적으로' 또는 이런저런 형태의 허위 의식의 영향하에 자신들의 이해 관계를 증진시키기 위해 행위할 수 있으며 또한 실제로 행위하고 있다고 루카치는 주장했다. 찰스 1세와 의회파 사이의 분쟁(English Civil War) 때 발흥하는 부르주아들이 다양한 종교적 꿈을 추구하는 와중에서 자본주의적 생산 양식의 최대한의 발전에 적합한 정치 질서가 창출된 것은 바로 이 때문이다. 부르주아의 구성원들이 자본주의 사회의 본성에 대해 알면 알수록 궁극적으로 스스로가 놓여 있는 상황이 절망적이라는 사실을 깨닫게 될 것이기 때문에, 계급 투쟁의 효과는 더욱더 감소할 것이다.[53] 역설적이게도 부르주아가 스스로를 기만해야 할 필요가 있는 것은 이 때문이다.

긍정적인 의미의 이데올로기와 경멸적인 의미의 이데올로기 사이의 구분이 우리가 바라는 것처럼 명확하지 않은 까닭은, 역사적으로 이해 관계의 충족과 억압, 정체감에의 추구와 허위 의식이 서로 뗄 수 없이 얽혀 있기 때문이기도 하다. 이데올로기(경멸적인 의미에서의)는 전통적으로 집단적 정체감에의 욕구 같은 전적

52) Lukács, 87, 151~152, 357~358면.
53) Lukács, 87, 141, 148 이하, 357~358면. 이 책, 158~159면을 보라.

으로 합법적인 인간적 바람을 이용하고, 행위자들을 만족시킬 수 있는 상황을 창출해 냄으로써 유지되어 왔다.[54]

　지금까지의 논의는 아래와 같은 암암리의 가정을 깔고서 의도적으로 단순화되어 있다. 즉 우리가 어떤 종류의 '이데올로기'가 행위자의 욕구, 필요, 욕망, 이해 관계들을 더 많이 더욱 효율적으로 충족시킬 수 있는가를 문제삼으면서 동시에 그것들을 마치 분리-규정지을 수 있는 것처럼 비교적 고정된 것으로 전제했다는 점이다. 위에서 언급된 '실존적' 요구들은 모든 인간에게 공통된 것인지도 모르지만 그러나 또 한편 몹시 추상적이기도 하다. 실존적 요구들이 다양한 인간 사회에서 구체적으로 표출되는 형태도 편차가 적지 않다. 분명히 대부분의 인간적 욕망, 필요, 욕구들은 엄청나게 다양한 모습을 취한다. 그리고 이데올로기가 새로운 욕망과 이해 관계를 만들어 낼 수도 있다. 이러한 욕망이나 이해 관계 중의 어떤 것들은 이데올로기의 인정된 부분일 수도 있고, 또 다른 것들은 이데올로기를 수용하는 행위의 간접적이고도 아마도 의도되지 않은 결과로서 발생할 수도 있다. 그러나 어떤 이데올로기는 행위자들이 사실상 지니고 있는 욕망, 필요, 욕구들을 고집하는 것을 거부할 수도 있고 나아가 이데올로기를 채택하는 사람들로 하여금 욕망을 만족시키려고 하는 시도를 중지하라거나 아니면 그러한 욕망을 억압하거나 송두리째 없애버리라고 명령할 수도 있다. 예컨대 고대 세계에 돌출한 기독교는 인간적 필요와 바람을 만족시킬 수 있는 일련의 믿음과 실천으로서 스스로를 표현하기도 했다. 그러나 또 한편 전혀 새로운 욕망, 필요, 욕구의 발전을 장려하고 형상화시키기도 해서 자기 주장, 명예, 인기, 명성 같은 전통적으로 높이 평가되어 온 욕구들의 배양이나 만족을 바람직하지 않

---

54) 하버마스는 TG 239~267면에서 이 점에 관해 상세히 논의하고 있다.

은 것으로 배제해 버렸다. 아우구스티누스 시대의 로마 제국에서
의 '전형적인' 행위자를 상정할 수 있고, 그 행위자의 욕구, 필요,
욕망을 확정한 다음 휴머니즘, 마니교, 플라톤주의, 다양한 신비 종
교, 기독교 등이 각기 그러한 욕구나 필요를 어느 정도 '만족'시켰
는지를 측정할 수 있다고 가정하는 것은 순진하기 짝이 없는 일이
다. 《고백록》이 묘사하는 바와 같이 개인적 발전의 행로는 복잡하
기 짝이 없기 때문에 인간 집단에게 '적당한' 이데올로기의 양태
를 결정하는 과정이 그보다 쉬우리라고 믿을 이유는 전혀 없다. 3
장의 결론 부분에서 이 문제가 다시 논의될 것이다.

4. 이데올로기 비판(Ideologiekritik)

프랑크푸르트학파의 구성원들은 이데올로기 비판에 관한 세 개
의 명제를 다음과 같이 내세웠다.

1. 급진적 사회 비판과 그 사회의 지배적인 이데올로기에 대한 비
   판(이데올로기 비판)은 분리될 수 없다: 모든 사회적 탐구의 궁
   극적 목표는 비판 사회이론의 형성에 있으며, 이데올로기 비판
   은 비판 사회이론의 핵심적 요소이다.
2. 이데올로기 비판은 단순한 도덕적 비판의 형태를 취하지는 않
   는다. 바꿔 말해서 이데올로기적인 형태의 의식은 추하다거나,
   비도덕적이고 불유쾌하기 때문에 비판받는 것이 아니라 허위이
   고 일종의 망상이기 때문에 비판받는 것이다. 이데올로기 비판
   은 인식적 과제이면서 동시에 일종의 지식이다.
3. 이데올로기 비판(따라서 사회 이론도 역시)은 인식 구조에 있
   어서 자연과학과 의미심장한 차이가 있으며, 그것이 적절히 분
   석되기 위해서는 전통적 경험론(자연과학의 탐구를 모델로 삼

고 있는)으로부터 물려받은 인식론적 구조에 획기적인 변화가
있어야만 한다.

이 절에서는 이데올로기 비판이 행해질 수 있는 여러 가지 방식
들이 취급될 것인데 다음과 같은 사항이 논의의 초점이 될 것이
다: (a) 특정한 이데올로기 비판이 어떤 의미에서 인식적인가?
(b) 여기서 논의되고 있는 종류의 이데올로기 비판을 적절히 설명
하기 위해서는 전래의 인식론이 수정되어야 한다는 언명의 의미는
무엇인가? 이 절에서 논의될 형태의 이데올로기 비판은 모두 세
가지 비판 방식 중의 하나에 그 초점을 맞출 것이다.

I. 우선, 이데올로기 비판의 첫 번째 양식 곧 인식론적 차원에서
의 비판은 어느 정도까지 전통적인 경험론적 틀과 조화될 수 있겠
는가? 프랑크푸르트학파가 보기에 '실증주의'는 가장 일관되고 설
득력 있는 현대적 경험론의 예이다.
    그들에 의하면 실증주의자는 다음과 같은 작업을 한다고 한다:

(a) 잠재적으로 참이거나 거짓인 언명이나 명제;
(b) '인식적 내용'(참인 경우 '지식'이 되는)을 지닌 언명이나 명
    제;
(c) 합리적으로 평가될 수 있는(확실하게 수용되거나 거부될 수
    있는) 언명이나 명제들을 판별하려고 한다는 것이다.

'인식적 내용'이 결여된 언명은 참도 아니고 거짓도 아니면서
다만 (인식적으로) 무의미할 뿐이다. 따라서 그러한 언명은 합리
적으로 토론되거나 평가될 여지를 갖지 못한다. 실증주의적 프로
그램은 (a)~(c)와

(d) 과학적으로 테스트 가능한 언명이나 명제;

(e) 관찰 내용을 지닌 언명이나 명제를 동일시하는 두 번째 단계
    에서 더욱 날카로워진다.[55]

  (d)와 (a), 그리고 (c)를 동일시하는 태도를 우리는 대충 과학적 합리성만이 유일한 합리성임을 주장하는 과학 지상주의라 부를 수 있겠다.[56] 또한 (e), (a), (c)의 동일시는 관찰 내용을 가진 언명만이 잠재적으로나마 '지식'이며 그러한 언명만이 합리적 토론과 평가에 열려 있음을 의미한다.

  그래서 실증주의자는 특정한 형태의 의식과 대면했을 때 그것을 다음과 같이 두 가지 방식으로 비판할 수 있다:

(a) 과학적 비판: 경험적으로 거짓이거나 근거가 취약한 의식 형태에 대한 믿음을 거부함;

(b) '실증주의적 이데올로기 비판': '인식적' 믿음과 '비인식적 믿음'을 명확히 구별하고 비인식적 믿음에 인식적 위치를 부여하는 모든 믿음을 거부함.

  인식과 비판의 네 가지 형태 중에서[57]—실증주의자는 그렇게 주장할 것임—객관화의 오류와 자기 충족적 믿음은 (a)의 범주에 해당된다. 실상 특정한 사회 행동의 조건 위에서만 참인 상태를

---

55) 프랑크푸르트학파가 '실증주의자'라고 할 때 이는 주로 비엔나 학파를 지칭한다. 그러나 우리의 논의가 비엔나 학파의 견해를 충분히 요약하고 있는 것은 아니다. 프랑크푸르트학파는 논리학이나 수학에는 관심이 없으므로 '실증주의'를 정식화하는 우리의 작업에서 논리학이나 수학은 제외될 것이다.
56) EI 13면과 T1의 4~5면 참조.
57) 이 책, 42면 이하를 보라.

명확히 참인 것으로 간주할 때 객관화의 오류가 발생하기 때문에 그 오류는 경험적으로 잘못된 믿음이다. 자기 충족적 믿음은 믿음의 근거에 결함이 있고, 경험적 탐구에 의해 그 결함이 밝혀질 수 있는 경우이다. 인식적 비판의 네 형태 중 세 번째 것인 인식적 위치의 혼동은 분명히 (b)의 범주에 속하지만 네 번째 것인 특수 이익과 일반 이익의 혼동은 실증주의적 비판의 범위를 훨씬 넘어서는 것처럼 보인다.

프랑크푸르트학파의 그 누구도 실증주의자들의 작업이 중요하지 않다고 말하지는 않는다. 사실상 거짓된 믿음을 거부하고 규범적 언명과 기술적 언명을 혼동하지 말아야 한다는 것은 중요한 일이기 때문이다. 그러나 또 한편 실증주의적인 합리성 개념이 지나치게 제한되어 있기 때문에 보다 흥미있는 이데올로기적 망상들을 다룰 수 없다는 것도 사실이다. 규범적이고 형이상학적인 믿음, 취향, 태도 등을 합리적 토론과 평가에서 배제해 버림으로써 실증주의자는 의식 형태의 중요한 부분에 관해 우리들의 방향 감각을 상실하게 만들었다. 그 결과 삶의 엄청난 부분이 우연한 취미, 자의적인 결정과 단순한 비합리성의 차원으로 격하되고 말았다.[58] 그러나 어떤 태도나 규범적 믿음 등을 취해야 할 것인가를 결정하는 데 있어서 취미, 취향이나 결정이 우리를 인도하지 말아야 할 이유라도 있는가? 어떤 종류의 규범적 지식이나 일련의 합리적인 취향이나 태도를 획득할 수 있다고 생각하는 것이 순전히 희망 사항에 지나지 않는 것일까?

우리가 아직은 규범적 믿음, 태도, 취향 등에 적용될 수 있는

---

58) TP 316~321(T4 263~268면). 이는 프랑크푸르트학파의 저작에서 발견되는, 실증주의에 비판적인 입장을 취하는 세 견해 가운데 가장 약한—그러면서도 또한 가장 설득력 있는—관점이다 :
  (a) 가장 강한 견해: 실증주의와 아울러 경험론은 자연과학에 대해서조차 적

'보다 넓은 합리성' 개념을 적극적으로 운위할 수 있는 위치에 있지 않을지도 모른다. 그러나 하버마스는 실증주의적인 '이데올로기 비판'의 실제적 행태를 관찰해 보면 실증주의자들 자신이 시인하는 것보다 더 광범위한 '합리성' 개념을 암암리에 쓰고 있다는 사실이 드러난다고 믿는다.[59] 실증주의적 이데올로기 비판은 인식적인 것으로 위장한 비인식적 믿음—예컨대 가치 판단—을 드러내는 작업을 하는데, 이 과정 자체는 행위자의 주요한 견해의 수정을 유발하지는 않는다. 내가 만약 하이든이 프레드릭 대왕보다 더 '훌륭한' 작곡가라고 생각하면서 그러한 믿음이 인식적인 것이라고 생각한다면 실증주의자가 나의 잘못을 깨우쳐 줄 수 있을 것이다. 그렇게 된다면 나의 원래의 믿음이 실상 아래와 같은 (a)와

절한 설명을 하지 못한다.

(b) 강한 견해: 실증주의는 자연과학은 정확히 설명할 수 있다. 그러나 정확한 설명과 예측을 지향하는, 인간 사회에 관한 이론을 설명하는 데 있어서는 주제의 성격을 감안해 볼 때 부적당하다.

(c) 약한 견해: 실증주의는 자연과학과, 정확한 설명과 예측을 지향하는 사회 이론의 '경험적-분석적' 부분에 대해서는 적절한 설명을 할 수 있다. 그러나 또한 사회 이론은 정확한 설명과 예측 이외의 비판적 부분을 가지며 이 비판적 부분을 실증주의는 설명할 수가 없다.

마르쿠제는 (a)의 입장을 취하는 반면 하버마스는 (a)를 명시적으로 거부한다(TW 50~60과 T5 82~91면). 하버마스는 자연과학을 아예 실증주의자들의 전문 영역으로 치부한다. 그러나 하버마스는 (b)와 (c)를 혼동하고 있다. 그 결과 그가 (1)과 (2) 중 어느 것을 주장하고 있는지가 불명료하다 :

(1) 자연과학과 사회과학이 설명과 예측이라는 공통 목표를 공유한다고 해도, 사회과학이 다루는 주제의 특성이라는 말은, 그러한 목표가 자연과학에서 쓰이는 방법들과는 아주 다른 방법에 의해서만 달성될 수 있음을 의미한다.

(2) 자연과학과 사회 이론은 인식적 목표에 있어, 그리고 특징적 방법에 있어 아주 다르다.

이 외에 하버마스가 (1)과 (2)의 어떤 결합을 주장하는지도 확실치 않다. 본문에서 나는 (c)의 입장을 취한다.

59) TP 321(T4 268면).

(b)의 합성물임을 인지하게 될 것이다: (a) 하이든의 작품이 프레드릭 대왕의 작품보다 더 많이 어떤 특질들을 노정한다는 믿음과, (b)가 어떠한 합리적 성격도 결여되어 있는, 순전한 취향에 불과하다는 주장을 인정한다 할지라도 나는 계속 프레드릭 대왕의 음악보다 하이든의 음악을 더 좋아할 것이다.

그러나 어떤 경우에는 믿음의 인식적 지위에 대해 내가 실수를 했음을 알게 되는 것이 곧 그 믿음을 포기하는 행위로 연결될 수도 있다. 사실상 비인식적 믿음이나 취향 등이 인식적 믿음으로 오인되었음이 시인되어야 할 경우도 있을 수 있다. 그러나 어떤 취향이나 규범적 믿음이 그 믿음을 수용한 행위자로 하여금 그것을 인식적 믿음으로 오인했음을 인정하게끔 '만드는가'? 이는 행동의 지침이나 정당화의 문제에 해당된다. 특정한 종류의 행동에 대해서는 단순한 취향을 표시하는 믿음이 아니라 오직 인식적 믿음만이 정당화와 지침의 원천이라고 생각할 수도 있다. 그러나 만약 우리가 어떤 믿음을 유지하는 유일한 이유가 그것이 인식적이라고 (잘못) 생각하는 데 있다면, 그 믿음의 인식적 지위에 대해 정확히 알게 될 경우 그 믿음을 포기하게 될 것이다. 그 경우 믿음 속에 표현된 취향을 공유하지도 않을 것이다. 물론 우리가 취향이나 가치 판단을 인식적 믿음으로 위장하려고 애쓰는 이유도 바로 이것 때문이다. 행위자는 특정인의 취향을 받아들여야 한다고는 느끼지 않는 반면 참된 인식적 믿음에 대해서는 수용해야 할 필요성을 느끼기 때문이다.[60] 만약 내가 어떤 믿음을 포기한다면―왜냐하면 그 믿음이 근거하고 있는 취향을 공유하지 않기 때문에―내가 믿음을 포기한 게 아니라 더 합리적인 믿음의 체계로 옮겨갔다고 하버마스는 주장할 것이다.

---

60) 이것이 '객관화의 오류' 비슷한 것일 수도 있음을 주의하라. 어쨌든 취향이나 선택 등은 우리들의 행위의 결과이다. 세계에 대한 '객관적 믿음'보다는 취향

실증주의적인 이데올로기 비판의 효율성과 중요성은 사람들이 이런 방식으로 스스로의 믿음을 변화시키느냐의 여부에 달려 있다. 실증주의자의 입장에서 볼 때, 우리가 인식적이지 못해서 행위의 공적 기준으로 인정될 수 없는 취향의 표현에 불과한 믿음들을 포기한다는 사실은 중요하다. 실증주의자의 이데올로기 비판이 정당한 효과를 가져올 수 있지만, 그런 효과를 초래하는 스스로의 행동을 설명할 수 없다는 데 문제가 있다. 자유로운 행위자에게 이러한 프로그램은 비합리적인 믿음과 행동으로부터 도출되는 것이 틀림없다. 왜냐하면 행위자들이 비합리적인 믿음과 행위를 기반으로 해서, 스스로 인정할 수 없는 취향에 근거한 믿음을 버리기 때문이다. 그러나 '합리적 동기'라는 게 애당초 있을 수 없기 때문에 실증주의자들은 자신들의 이데올로기 비판의 동기가 합리적이라는 사실과, 동시에 그 효과가 행위자를 더 합리적으로 만드는 것이라는 사실을 인정할 수 없게 된다. 그 결과 실증주의자들은 자신들의 이데올로기 비판 작업이 개인적 취향이나 임의적인 결정이라고밖에는 정당화할 수 없게 된다.[61]

여기에 대해 실증주의자는 사람들이 위에서 묘사된 대로 믿음을 바꾼다는 사실이 그들이 더욱 합리적으로 되고, 더 '정당하고 참된', 그리고 더 '확실한' 믿음들을 획득한다는 사실을 의미하지는 않는다고 대답할지도 모른다. 생각을 바꿈으로써 우리가 지닌 믿음, 취향, 가치 판단 등을 나머지 비인식적 믿음—예컨대, 어떠한 취향을 표현할 수 있는지, 또한 어떻게 스스로 영향받을 수 있는지에 관한 믿음—들과 더 조화롭게 만들 뿐이기 때문이다. 또한

이나 선택이 우리의 통제하에 있기 때문이다. 프랑크푸르트학파의 초기 학자들은, 파시즘이 자체의 정치 운동이 자의적 의지 행위에 근거한 적나라한 힘의 행사임을 공공연하게 인정했기 때문에 파시즘을 두렵게 생각했다. 그렇다면 이러한 방식의 이데올로기 비판은 폭로와는 아무 관계가 없다.

61) TP 320~321(T4 267~268면) 참조.

실증주의자들이 스스로의 작업을 전혀 자의적인 것으로 간주해야만 한다는 주장은 근거 없는 비난이다. 한 행위가 '본질적인 인간합리성'―그것이 무엇이든지 간에―에 근거하고 있지 않다고 해서 그 행위의 기반이 자의적인 결정이 되어야 하는 것은 아니기 때문이다. 깊은 인간적 필요나 인간적 고통에 대한 고려의 표현이 행위를 추동할 경우에 그 행위는 '자의적인' 것이 아니다. 그 결정이 '이성 자체에 의해 내려진' 것은 아니지만, 완전히 이해될 수 있고 통상적인 인간적 욕구에 의해 이끌려진 것이기 때문이다. 아주 배고플 때 먹겠다고 결정하는 것은 자의적인 행위가 아니다. 왜냐하면 그런 경우와 수영하겠다는 우리의 결정이 비슷한 무게를 지닐 수는 없기 때문이다. 그러나 그렇다고 해서 먹는다는 행위가 일종의 지식이 되는 것은 아니다.

이제 프랑크푸르트학파의 학자들에게 주어진 임무는 다음과 같은 사항을 설명하는 일이다. 즉 행위자가 어떤 동기를 '자인할 수 없다'는 것은 일반적으로 동기를 자인하기 싫어한다는 차원을 넘어서 무엇을 의미하느냐 하는 것과, 또한 어떤 믿음이 자체의 인식적 위치에 관해 잘못된 믿음을 '필요로 한다'는 사실이 '행위자가 자신의 잘못을 깨달을 경우 그 믿음을 사실상 포기할 것'이라는 차원을 넘어서 과연 무엇을 의미하느냐에 대한 설명이 필요하다는 것이다. '자인할 수 없는 동기' 때문에 행위한다는 사실이, 또한 자체의 인식적 위치에 관해 실수를 '요구하는' 가치 판단과 취향을 지닌다는 사실이 어떤 의미에서 비합리적인가?

지금까지의 논의에서 특유한 점은 하버마스가 대항해 싸우고 있는 실증주의에 그 자신이 어느 정도 오염되어 있다는 사실이다. 실증주의자의 입장을 재구성함에 있어 우리는 실증주의자가 암암리에 잠재적으로 참이거나 거짓일 수 있는 언명(a), 인식적 내용을 지닌 언명(b), 그리고 합리적 합의가 도출될 수 있는 언명(c)들을

동일시한다고 주장했다.[62] 실증주의자는 나아가 모든 합리성이 과
학적 합리성이며(d), 과학적으로 유의미한 모든 언명들이 경험적
내용을 가진다(e)고 주장한다. 태도, 취향, 가치 판단과 규범적 믿
음 등은 분명히 직접적인 경험 내용을 결여하고 있기 때문에 참되
거나 거짓일 수도 없고, 인식적으로 무의미하다는 것이다. 그 결과
그것들에 대한 합리적 논의에는 결정적인 한계가 있으며, 그러한
태도, 믿음, 취향들을 선택하거나 그것에 의거해 행위할 궁극적 근
거를 발견할 수 없다는 것이다. 따라서 어떤 일련의 취향이나 태
도 등도 일관되기만 하다면 다른 취향이나 태도만큼 좋거나 합리
적인 것이 되고 만다.

　여기에 대한 하버마스의 반대 입론은 명확하다: 취향, 태도나
규범적 믿음들이 일관된다고 해서 모두 동등한 정도로 '합리적'인
것은 분명 아니다. 이때의 '합리적'이라는 말의 의미가 불분명하
고 분석하기 쉽지 않지만 그렇다고 해서 불가해하거나 존재하지
않는 것은 아니다. 실증주의가 합리적이라는 말의 의미를 설명하
지 못한다면 그만큼 난처한 지경에 빠질 것이다. 그러나 실증주의
적 관점의 첫 부분―(a), (b), (c)를 동일시하는―을 공격하는 대
신 하버마스는 그 주장을 받아들인다. 그래서 어떤 규범적 믿음이
다른 믿음보다 더 합리적이라면 일종의 규범적 지식이 존재할 것
임에 틀림없다. 마찬가지로 어떤 취향이나 태도가 다른 것들보다
도 더 합리적이라면 일련의 태도나 취향도 '참'이거나 '거짓'일
수 있다. 과학에서 사용되는 '참'과 '거짓'은 층차를 허용하지 않
기 때문에 한 명제는 참이거나 거짓이며 제3의 선택은 존재하지
않는다(tertium non datur). 그러나 합리성은 그런 것이 아니다. 결
정, 취향이나 태도 등은 다소간에 합리적일 수 있기 때문이다. 행

---

62) 이 책, 63~64면과 163~164면을 보라.

72

위자는 스스로의 행동에 대해 조금 강하거나 약한 이유를 댈 수 있으며, 동기를 다소간 인지할 수 있고, 규범적 믿음에 있어 조금씩 편차 있게 개명되어 있을 수 있기 때문이다. 만약 누가 하버마스의 견해에 찬성하느냐 아니면 실증주의자들의 관점을 따르냐고 묻는다면 그러한 흑백논리를 잘못된 것으로 거부하는 태도가 유일한 합리적 답변이 될 것이다. 그 같은 문제 제기는 단일하고 '참된', 유일한 합리적인 인간적 취향, 태도나 규범적 믿음 등이 존재하는가 아니면 일련의 취향, 태도나 규범적 믿음 등이 다른 것들보다 '더 합리적'이라고 말하는 것은 전연 무의미한 얘기인가 사이에 양자 택일하라는 것과 비슷하기 때문이다.

Ⅱ. 이제 의식 형태의 기능적 성질이라는, 이데올로기 비판의 두 번째 접근 방식을 조명해 보자. 이데올로기란 지배를 공고화시키거나 정당화시키는 세계관(world-picture)[63]이다. 그러나 의식 형태의 '거짓됨'과 억압을 정당화시키는 그것의 기능 사이에는 어떤 관계가 있는가?[64] 네 가지 가능성을 우선 생각해 볼 수 있다.

---

63) TG 245, 247, 257, 259, 279, 285~286, 289~290면을 보라. 여기서는 '이데올로기는 사회적 모순을 은폐하는 의식형태다'라는 이데올로기의 두 번째 기능적 의미와, '이데올로기는 생산력의 극대화를 방해하는 의식 형태이다'라는 세 번째의 기능적 의미는 논의되지 않을 것이다(이 책, 50면을 보라). 어떤 경우에 '사회적 모순의 은폐'는 억압적 사회 질서를 공고히 하고 정당화하는 방편일 수도 있다. 따라서 사회적 모순을 은폐하기 때문에 이데올로기적인 의식 형태는 동시에 '지배'를 공고화-정당화하는 의미에서의 이데올로기일 수도 있다.

64) 이 장의 2절 Ⅱ부에서 암시된 것처럼, 기능적인 의미의 이데올로기가 공고화-정당화한다는 것이 정확히 무엇을 뜻하는가에 대해서는 다양한 견해가 있을 수 있다. 예컨대, 억압, 지배, 비합법적 억압, 강제적 관계(TG 247면), 잉여 억압 등의 용어들을 상기해 보라. 여기서 '억압'과 그 파생어—예를 들어 억압적으로 기능한다—들은, 이데올로기가 공고화-정당화하는 것으로 정의되는, 사회의 모든 바람직스럽지 못한 면을 지칭하는 것으로 쓰여진다.

A. 세계관이 허위이면서 억압을 공고화-정당화시키지만 거짓됨과 억압적 기능 사이에 본질적인 연관관계가 없을 경우이다. 세계관이 억압적으로 기능한다는 것을 아는 것과는 별도로 허위임을 알 수도 있으며, 역으로 세계관의 허위 여부를 아는 것과는 별도로 억압적으로 기능한다는 사실을 알 수도 있다.[65]

B. 세계관이 허위이고—그렇게 주장할 수 있는 근거를 가지고 있다는 것이 처음부터 전제되는데—그것이 억압적으로 기능한다는 판단이, 허위라는 판단에 의존할 경우이다. 다음의 예를 살펴보자. 기본적 사회제도에 정당성을 부여하는 규범적 믿음의 체계가 그 핵심 내용인 세계관은, 다른 사회제도와 마찬가지로 통제적 특질을 지닐 가능성이 많다. 여기서 문제는 그것이 필요하고도 정당한 통제냐 아니면 부당한 억압 또는 지배냐 하는 것이다. 그 제도의 정당성을 옹호하는 논증을 분석하는 것이 이 문제에 답하는 한 방식일 수 있다. 만약 논증이 정당하고, 또 '참된' 규범적 믿음으로부터 출발한다면 제도와, 그것과 연결된 통제는 정당화된다. 만약 구할 수 있는 '최선의' 논증이 잘못된 규범적 믿음으로부터 시작해야 한다면 그 제도는 정당화되지 못한다. 게다가 인간이 좋아하는 걸 억지로 좌절시키는 제도란 일종의 억압인 것이다. 따라서 세계관이 정당화하는 것이 지배나 억압인가의 여부를 알기 위해서

---

65) TP 310(T4 257면)에서 하버마스는 이데올로기에 대한 세 가지 접근 방식을 결합해서 이데올로기적 오류를 운위한다: '계몽이 극복하려고 하는 오류는, 잘못된 사회의 제도 속에 뿌리 내리고 있는 그리고 지배적 관심을 강화하는 한 시대의 허위 의식이다.' 따라서 이데올로기적인 의식은 : (a) 인식적으로 허위이며 (바꿔 말하면 그것은 '오류'이다); (b) 기능적으로 비난받을 만하고 (바꿔 말하면 그것은 '지배적 관심을 강화한다'); (c) 발생학적으로 받아들일 만한 것이 못된다(바꿔 말하면 '잘못된 사회의 제도 속에 뿌리 내리고 있다'). 확단하기는 어렵지만, 하버마스는 여기서 이 세 가지가 독립되어 있음을 주장하는 것 같다.

는 그 세계관 자체의 참-거짓 여부를 알아야만 한다는 것이다.

이러한 대답이 성공적인 것은 물론 아니지만 올바른 방향을 지시하고는 있다. 사회 구성원이 제공할 수 있는 최선의 논증이 유효하지 않다고 해서 제도의 정당성을 증명하는 유효한 논증이 전혀 없다는 결론이 도출되지는 않기 때문이다. 따라서 이 세계관이 억압적이라는 판단은 세계관이 거짓이라는 판단에 의존하지 않지만, 여하한 참된 세계관도 제도의 정당성을 옹호하는 논증을 생산해 낼 수 없고 나아가—이데올로기 비판이 일종의 '내적 비판'이라는 원칙에 충실하고자 한다면—행위자가 수용 가능하면서 접근 가능한 어떤 참된 세계관도 사회제도를 정당화하는 유효한 논증을 산출할 수 없다는 주장에 의존할 수는 있다.[66]

C. 세계관의 인식적 특질이 아니라 기능적 특질에 철학적 우선권을 부여함으로써 B의 논의를 뒤집는 것도 가능하다. 바꿔 말하면, 세계관이나 의식 형태는 지배 관계를 공고히 하거나 정당화할 때 '그릇되다'는 것이다.

C의 주장이 이렇게 단순한 형태로 어떻게 통용될 수 있을지는 불분명하다. 무엇보다도 의식 형태는 간단한 기술적 믿음을 포함할 수 있다. 그리고 기술적 믿음의 기능적 특질이 무엇이든 관찰해봐서 정확하다면 그것을 '거짓'이라고 부를 이유는 없다. 이러한 '기능적' 의미의 기술적 믿음에다 '거짓'이라는 말을 쓰는 것은 혼란만을 초래할 뿐이다. 동일한 믿음이 관찰상 정확하면서, 따라서 '참'인 동시에 기능적으로 '거짓'일 수 있기 때문이다. 그러나 '참', '거짓' 같은 단어를 쓰는 이유는 그러한 용어가 믿음을 수용하느냐 거부하느냐의 여부에 대한 분명한 판단을 표상하고 있

---

66) '접근 가능성'과 '수용 가능성' 간의 술어상의 차이를 구별함으로써, 행위자들에게 제시될 경우 행위자가 받아들이는 것과, 역사적 상황 속에서 행위자 스스로가 합리적으로 발전시킬 수 있는 것과의 차이점이 드러난다.

기 때문이다.[67] 동일한 믿음이 동시에 참이면서 거짓인 경우는 회피되어야만 한다.

  그래도 아직 세계관이나 의식 형태 전체의 '기능적' 의미가 살려질 수 있다. 태도, 취향이나 규범적-형이상학적 믿음이 의식 형태의 독자적인 구성 요소라고 생각한다면, 그것들이 경험적 내용을 갖지 못한다고 주장할 수 있다. 그러한 믿음들이 지배 관계를 공고히 하거나 정당화할 경우 오류라고 하고 그렇지 않은 경우 참되다고 말함으로써 믿음의 수용 가능성에 대한 확실한 판단을 표현하기를 원할 수도 있다. 이러한 행위가 믿음들의 기술적 정확성에 대한 판단과 상충될 염려는 없다. 따라서 한 세계관이나 의식 형태가 '이데올로기적으로 허위'라는 판단은, 의식 형태를 구성하는 특징적 태도, 취향이나 규범적-형이상학적 믿음들이 사회에서 작동하는 방식 때문에 의식 형태 전체에 내려지는 판단이 되는 것이다.[68]

---

67) 이 책, 72면 이하와 172면 이하를 보라. 어떤 프랑크푸르트학파 학자들은, 대표적으로 아도르노는 언명이나 의식 형태가 동시에 참이면서 거짓일 수 있다는 헤겔적 견해를 주장하기도 했다(*Journal of Philosophy*, 1975에 실린 [부정변증법]에 대한 나의 서평을 보라). 그러나 진리론(WT)에서 명확히 드러나는 것처럼 하버마스가 이러한 용법을 쓰려 하지 않기 때문에 여기서 이 난해하고 모호한 이론이'설명될 필요는 없다. 헤겔의 자취가 가장 선명한 초기 저작에서도 하버마스는 이데올로기적 의식이 동시에 참이면서 거짓이라고 직접 말하는 것을 극력 회피한다. 그래서 1957년(TP 387면 이하에 재수록된)에 출판된 '맑스와 맑스주의에 관한 철학적 토론의 문헌 보고'라는 서평에서 그는 이데올로기적 의식이 실재의 '정확한' 표상이면서 '허위'일 수 있다고 말한다: '잘못된 현실을 아주 엄밀히 반영함으로써 의식이 허위가 될 수 있다—잘못된 현실을 정확히 모사하는 것이 이데올로기의 바깥 경계이기 때문이다(TP 437면). O'Neill, 236면 참조.

68) 의식 형태는 간단한 기술적 믿음을 포함할 수 있다: 이러한 기술적 믿음은 의식 전체에 관한 '이데올로기적' 판단과 상관없이 통상의 경험적 의미에서 참이거나 거짓일 수 있다.

어떤 의식 형태가 이데올로기적으로 허위인가의 여부가 시간이 흐름에 따라 변하고 특정하고 구체적인 역사적 상황에 의존하는 점이 이 접근 방식의 큰 장점이라고 간주될 수 있다. 동일한 믿음과 태도가 한 역사적 시기에는 억압적 사회 구조를 옹호할 수 있고, 다른 시기에는 그렇지 않을 수 있기 때문이다.[69] 아마 고대 희랍의 시민들이 플루트를 부는 여인[70]들을 완상하는 대신 즐겼을, 식후의 대화거리를 제공해 주었다는 사실을 제외하자면 아무런 사회적 기능도 갖지 못했던, 우시아의 본성에 관한 '한가한' 형이상학적 추론이 다른 역사적 문맥 속에서는 기독교 신학에 흡수되어 억압적 기능을 획득할 수 있다.

그러나 세계관의 좋지 못한 기능을 이용해서 그것의 이데올로기적 오류를 명확히 정의하려면 어떠한 기능 방식이 좋지 못한가를 먼저 분명히 해야 한다. 여기서 아래와 같은 오래된 문제가 다시 제기된다. 즉 의식 형태가 지배, 잉여 억압(surplus repression), 잉여 지배나 불법적 억압 등을 옹호하거나 정당화할 때 그 의식형태는 좋지 못한 것인가? 라는 문제가 바로 그것이다.[71]

'지배'(Herrschaft)란 행위자의 욕구와 선택을 좌절시키는 능력과 관계있는 것으로 정의된다.[72] '권력'(Macht)이란 행위자의 선택을 억지로 좌절시키는 힘을 뜻하며, 하버마스가 《사회 이론》(*Theories der Gesellschaft*)에서 정의한 바에 따르면, 사람들이 스스

---

69) 이는 다른 '기능적' 접근에도 해당된다. 즉, 사회적 모순을 은폐하는 데 봉사하는 것으로서의 이데올로기에 대한 정의와 생산력의 극대화를 방해하는 것으로서의 이데올로기에 대한 정의에도 해당된다.

70) 아울로스는 양면 리드를 가지고 있으므로 물론 플루트가 아니다. 그러나 이 경우 오역이 미학적으로는 장점을 가진 것일 수 있다. 대화편 [향연]의 말미에 '술 취하고 왕관을 쓴' 알키비아데스가 '여성 오보에 주자들에게 부축된 채' 등장하는 광경을 상상해 보라.

71) 이 책, 45~51면을 보라.

72) 이 책, 47면을 보라.

로의 이해 관계를 추구하는 걸 막는 능력이기도 하다.[73] 따라서 권력의 행사가 억압이다. 권력은 적나라한 힘의 사용이나 그 위협을 통해 '명시적으로' 행사되거나 아니면 '규범적으로' 행사된다. 행위자들이 수용하는 규범적 믿음의 체계가 그들이 자체의 이해 관계를 추구하는 것을 막을 때 억압은 '규범적인' 성격을 띤다는 것이다. '불균형적으로' 배분된 '규범적 권력'이 바로 '지배'이다.

'잉여 억압'과 '잉여 지배'의 개념은 사회와, 그것과 연계된 의식 형태를 평가할 수 있는 '객관적인' 기준을 제공할 수 있기 때문에 호소력을 갖는다. 한 사회에서의 '잉여 억압'의 정도를 최소한 대략적으로나마 측정할 수 있게 될지도 모른다. 그것이 가능하기 위해서는 사회 구성원의 욕구, 필요, 선택과 욕망들이 무엇인지, 그리고 경제가 자체를 재생산하기 위해서 무엇을 '필요로 하는지'가 결정되어야만 한다. 불행하게도 '행위자의 욕구, 필요, 욕망'이라는 개념과 '경제의 요구'라는 개념 둘다 고도로 문제 투성이이다.

'경제가 필요로 한다' 또는 '경제가 작동하기 위해서 필요로 한다' 등의 표현에는 많은 것이 생략되어 있다. '경제가 작동한다'라는 말은 경제가 일정 수준의 자원을 소비하면서 효율적으로 돌아가서 특정한 종류의 인간적 욕구나 필요를 어느 정도 충족시켜준다는 의미이다. 또한 그 말은 산업 공장이 막대한 물품을 허비함으로써 도산하지 않아야 한다는 의미이기 때문에 경제는 어떤 인간적 욕구를 충족시킬 뿐만 아니라 '자체를 재생산할 수 있는' 방식으로 작동해야 한다. 경제가 어떤 인간적 욕구나 필요를 어떤 수준으로 충족시켜야 하는지 엄밀히 규정되지 않는다면, 사회가 그 구성원들에게 잉여 억압을 부과해야 되느냐의 여부도 불투명하

---

73) TG 254면.

게 된다. 고대 희랍의 경제가 모든 미크로클레스(Mikrokles)에게 매일 두 끼씩 양파, 보리 케이크와 배추 반쪽을 조달할 수 있는 수준으로 작동하기 위해서 노예 노동을 '필요로 했을까? 아니면 알키비아데스(Alkibiades)로 하여금 아침에는 네 필의 말이 끄는 전차 경주를 하고 오후에는 악기를 불면서 목욕을 즐기게 할 수 있는 수준으로 기능하기 위해서 노예 노동을 필요로 했던 것일까? 아니면 알키비아데스가 경주하는 데 보내는 시간을 줄이면 미크로클레스는 하루에 양파 한 개만을 얻을 수 있는 것일까? 그렇게 된다면 나머지 양파는 '아테네 제국주의의 열매'에 대한 미크로클레스의 몫이 될 것이다.

모든 인간 사회에는 '받아들여진' 욕구, 필요와 욕망의 체계가 있을 뿐만 아니라 그러한 욕구와 욕망에 대한 전통적으로 예기된 만족 수준이 있는 법이다.[74] 행위자가 지닌, 사회적으로 승인된 욕구나 필요를 충족시키기 위해 경제가 작동하는 것을 필요로 하는 이상의 '잉여 억압'을 여느 다른 억압같이 정의할 수는 없다. '승인된' 욕구, 필요, 욕망의 체계나 전통적인 소비 수준 자체도 우리가 비판하려는 '이데올로기'의 일부일지도 모른다. '잉여 억압'의 개념은 행위자의 필요에 대한 기존의 사회적 해석 바깥의 관점을 제공할 수 있고 그 관점으로부터 기존의 해석을 비판할 수 있다. 반면에 최소한의 생물적 생존을 위해서 충족되어야 하는 욕구와 필요만이 '진정' 유일한 욕구와 필요이기 때문에 행위자의 신체적 생존을 보장하기 위해 필요한 이상의 억압은 '잉여' 억압이라고 프랑크푸르트학파의 학자들이 주장하지는 않는다. 사회 속의 행위자는 세련된 문화적 요구들을 획득하게 되고, 그러한 요구들의 충족은 충분한 식량이나 주거를 확보하는 일만큼이나 정당하고 중요

---

74) Sahlins(1976), 2, 3장을 보라.

하기 때문이다.[75]

따라서 '잉여 억압'은 이데올로기 비판의 출발점과 기초가 될 수 없다. 어떤 욕구와 필요가 정당하며 어떤 이데올로기가 허위인지에 관한 이론이 그 대신 출발점이 될 수 있다. 그렇게 되면, 행위자의 정당한 욕구나 필요를 만족시키는 데 필요한 수준 이상으로 행사된 만큼이 잉여 억압이 된다. '이 억압은 잉여적이다'라는 말이 바로 비판적 논증을 요약하는 결론이다. 정당한 욕구와 필요를 '잘못된' 욕구와 필요로부터 구분하는 작업 가운데 이데올로기 비판의 핵심이 실천된다.

세계관의 기능적 성질에 철학적 우선권을 부여하는 방책이 발견될 수 있을지도 모르지만, '잉여 억압'의 개념은 '억압'에 관한 '객관적' 규정에 도달할 수 있는 첩경이 아닌 것처럼 생각된다.

D. 마지막으로, 세계관의 허위성과 기능 방식은 서로 뗄 수 없이 연결되어 있기 때문에 이데올로기 분석에서 둘 중 어느 것도 우선권을 가질 수 없다고 주장할 수 있다. 세계관이 억압을 옹호하거나 정당화하는 사실에 대한 고려를 떠나서 그 세계관이 거짓이라는 사실을 확정지을 수는 없다. 마찬가지로, 세계관의 허위성에 대한 고려 없이 그 세계관이 옹호하거나 정당화하는 것이 억압이라는 사실을 보여줄 수는 없다. 영어권 철학자들에게 이러한 맥락주의적(contextualist)인 견해는 퍼스나 듀이 이래 어느 정도 알려져 있다. 프랑크푸르트학파 같으면 이 같은 접근 방식을 '변증법적'이라고 부를 것이다.

Ⅲ. 의식 형태의 발생학적 특질이란 문맥에서의 분석이 이데올로기 비판의 세 번째 방식이다. 어떻게 한 의식 형태가 자체의 기원,

---

75) TW 162(T1 312~313면).

역사나 내력 때문에 '허위'가 될 수 있는가?

발생학적 이데올로기 비판 중에 널리 행해지는 한 형태는 '사회적 기원에의 접근'이라고 명명될 수 있다. 어떤 속류 맑스주의에서는 '부르주아적 믿음'이나 '봉건적 믿음'이라고 부르는 것 자체가 그 믿음의 사회적 기원 때문에 이데올로기적으로 허위라는 것을 의미한다. 그러한 믿음이 전형적으로 또 특징적으로 부르주아가 지배하는 사회에서 발생하거나, 아니면 그 믿음을 처음 주장한 사람이 부르주아 계급이기 때문이다.

이는 얼핏 보기에 그리 유망한 논증 방식인 것처럼 보이지는 않는다. 19세기와 20세기 초 대부분의 자연과학자는 부르주아가 지배하는 사회에서 활동했기 때문에 그들의 물리학이 부르주아 사회에서 전형적으로 발생하는 지적 작업이며, 따라서 자연 현상을 지배하는 효율적이고 신뢰할 만한 방법을 찾는 데 전념한다는 주장이 있을 수 있다. 설령 특정한 물리학자가 사회적 환경과 부르주아 사회의 요구에 따라 특정한 잘못된 물리 이론을 주장하게 되었다 할지라도, 그 이론은 부르주아 사회의 산물이기 때문에 그른 것이 아니라 부정확하고 증거와 일치하지 않기 때문에 그른 것이다. '의식 형태'의 문제에 있어 사정이 달라야 할 이유라도 있는가?

사회적 기원에의 접근 방식의 주창자들은 의식 형태에 있어 사정은 다르다고 주장한다. 왜냐하면 의식 형태의 사회적 기원과 의식 형태에 관한 다른 사실 사이에 연관이 있다는 것을 확신하기 때문이다. 그들이 보기에는 한 의식 형태가 특정한 사회 계급의 구성원 사이에서 특징적으로 발생한다면 그 의식 형태는 계급적 관점의 '표현'이다. 또한 한 의식 형태가 특정한 사회적 계급이 지배하는 사회에서 특징적으로 발생한다면 그 의식 형태는 지배 계급의 관점이나 계급적 위상의 '표현'이라는 것이다.[76] 의식 형태가

사회적 위치나 사회 계급의 관점의 표현이라는 말은

(a) 의식 형태가 사회 계급의 계급적 이익을 공식화한다는 의미이
   거나,

(b) 의식 형태는 사회 계급의 구성원들에게 투영되는 사회적 실재
   를 표상한다는 뜻이거나,

(c) 아니면 (a)와 (b) 둘 다를 가리킨다.

　의식 형태가 계급 위치의 '표현'이라고 말할 때, 단순히 그 의식
형태를 채택하고 그것에 근거해서 행위하면 특정한 사회적 계급의
계급적 이익이 증대된다라는 사실뿐만이 아니라, 의식 형태가 그
계급의 이익을 '공식화한다'라는 것을 의미한다는 사실이 (a)에서
중요하다. 특정한 의식 형태에 근거한 행위가 한 사회 계급의 이
해를 증대시킨다는 것은 그 의식 형태에 '기능적 특성'을 부여하
는 것과 같다. 의식 형태가 어떤 계급 구성원들 사이에서 특징적
으로 발생한다면, 그 의식 형태에 근거한 행위는 종종 그들의 계
급적 이익을 증진시킨다는 주장이 내세워질 수 있다. 하지만 이는
변장한 '기능적 비판'의 한 형태이다. 왜냐하면 의식 형태의 특유
한 발생 방식 때문이 아니라, 발생할 때 이러저러한 기능적 특성
을 갖기 때문에 의식 형태가 비판받기 때문이다.
　그렇다 해도, 계급 이익을 '공식화'하거나 '촉진'시키는 게 뭐가
나쁜가? 왜 그것이 특정한 의식 형태를 이데올로기적이라고 해서
거부할 근거가 되는가? 적극적 수용보다는 거부의 근거가 된다는

76) Mannheim, 78 이하, 84~85, 265 이하; Lukács, 127면 이하.

것인데, 사회적 계급의 이익을 정확히 공식화하는 의식 형태가 '긍정적인 의미'의 이데올로기가 되지 말아야 할 이유라도 있는가?[77]

그러한 질문에 대한 대답은 다음과 같이 주어진다. 즉 특정 계급의 이익이 어쩌다가 사회의 '일반 이익'과 동일할 수도 있지만 대부분의 경우에는 그렇지 못하다는 것이다. 그러나 사회 계급들은 그들의 특정한 계급 이익을 일반 이익과 동일시하는 자연스러운 경향을 가진다. 특정한 계급 이익을 사회의 일반 이익인 것처럼 의식 형태가 거짓되게 묘사한다거나 일반 이익을 촉진시킨다는 미명 아래 실상 계급적 특수 이익을 촉진시킬 경우 그 의식 형태는 거부되어야 한다.[78]

한 의식 형태가 '특정 계급의 사회 내 위치의 표현'이라고 해서, 즉 이 의식 형태는 특정 계급의 특수 이익을 일반 이익으로 표상하고 있다고 해서 비판하는 사람들의 의도가 위와 같다면 그것은 발생학적 이데올로기 비판의 형태가 아니다. 여기서 문제가 되고 있는 의식 형태는 그 기원이 아니라, 기원 때문에 갖게 될 가능성이 큰 허위성 때문에 비판받는 것이기 때문이다. 특정 계급의 특수한 경험에서 유래한다는 사실은 기껏해야 그 의식 형태가 특정한 계급 이익을 일반 이익으로 표상하는 것을 보여 주는 다소간 신뢰할 만한 지표일 뿐이다. 그래서 발생학적이라고 불리는 이데올로기 비판은 사실상 일종의 인식적 이데올로기 비판인 것이다.

위의 (b)에서처럼 '이 의식 형태는 특정 계급의 관점의 표현이다'라는 언명을 '의식 형태는 그 계급의 구성원들에게 투영된 사회적 실재를 표상한다'라는 의미로 해석할 때도 비슷한 결과가 도출된다. 의식 형태가 사회 구성원들에게 투영된 사회적 실재를 표

---

77) 이 책, 58~63면을 보라.
78) LS 38~39, 153 이하 (T2 22~23, 111면 이하).

상한다는 사실이 그 의식 형태를 거부할 근거는 되지 못한다. 사회에 대한 '총체적' 관점, 즉 각 구성 집단의 시각에 따라 사회가 표상되는 방식들의 통합이나 결합만이 그 사회에 대한 '진리'라고 주장될 수 있다. 그렇다면 특정 사회 계급의 구성원들에게 투영된 사회적 실재를 표상하는 의식 형태는 사회에 대한 '진리'가 아니라 부분적 관점에 불과하므로 허위 의식이다.[79] 다행히 이렇게 모호한 사회 지식론에 관한 비유를 없애는 것이 꼭 필요한 작업은 아니다. 여기서 또 문제가 되는 것은 그것이 발생학적 이데올로기 비판이 아니고 인식적 이데올로기 비판이기 때문이다. 이데올로기적인 의식 형태는 그 기원 때문이 아니라 사회적 실재를 잘못 표상하고 있기 때문에 허위인 것이다.

지금까지 우리는 진정한 '발생학적' 이데올로기 비판을 발견할 수가 없었다. 이데올로기 비판과 정신 분석, 그리고 이데올로기적인 허위 의식과 개인적 신경증 사이의 유비를 보다 강하게 받아들였더라면 사정이 더 나을지도 모른다.[80]

《환상의 미래》(*Die Zukunft einer Illusion*)에서 프로이트는 '오류'(Irrtum), '망상'(Wahnidee)과 '환상'(Illusion)[81]을 구분한다. '오류'는 통상적으로 일상에서 우리가 갖는 잘못된 사실적 믿음을 말한다. 예컨대, 프로이트가 비엔나 태생이라는 믿음은 오류이다. '망상'은 행위자가 가진 욕망을 충족시키는 역할을 하는, 거짓된 믿음이다. 자신이 샤를르마뉴 대왕이라고 잘못 생각하는 것이 역사적으로 중요한 인물이 되고 싶어 하는 스스로의 욕망을 충족시켜 주는 사람의 경우, '망상'에 사로잡혀 있는 것이다. '환상'은 틀릴 수도 있고 틀리지 않을 수도 있는 믿음인데, 행위자의 욕망을 만

---

79) Mannheim, 282면 이하, 103면 이하.

80) TW 159~160(T1 311~312면).

81) Freud, 164~165면.

족시켜 준다. 프로이트 자신이 든 '환상'의 예는, 왕자가 와서 자기와 결혼해 줄 것이라고 믿는 중류 계급 신분의 소녀의 경우이다. 프로이트 시대의 비엔나에는 몇몇 왕자들이 실존했기 때문에 가능성은 극히 적을지 모르지만 그런 일이 실제 발생할 수도 있다. 그러나 왕자와 결혼하게 될 것이라고 소녀가 믿는 까닭은 그것이 스스로의 욕망을 만족시켜주기 때문이다.

프로이트 책에서 언급된 '환상'은 종교적인 믿음인데, 그의 논의는 썩 명쾌하지는 않다. 어떤 종교적 믿음은 분명히 잘못된 믿음이면서 행위자의 깊은 욕망을 만족시켜 주기 때문에 '망상' 비슷한 범주에 속한다. 그러나 대부분의 종교적 믿음들은, 불확정적인 진리가(truth-value)를 가지면서 행위자의 욕망을 만족시키기 때문에 수용되는, '환상'이다.

그러나 중산층의 소녀가 왕자에 대해 갖는 믿음이 환상인 것과 비슷하게 종교적인 믿음도 '환상'인 것일까? 소녀의 믿음은 사실일 수도 아닐 수도 있지만 가부에 대한 증거가 지금은 확보되어 있지 않기 때문에 불확정적인 진리가를 갖는다. 그러나 믿음 자체는 참이거나 거짓이기 때문에 왕자와 결혼하거나 그렇지 않거나 둘 중의 하나가 사실이다. 종교적 믿음은 그렇지가 않다고 프로이트 자신이 시사한다: '대부분의 종교적 믿음의 사실적 가치에 대해서는 판단을 내리기 어렵다. 그래서 그 믿음들은 증명될 수도 없고 논박될 수도 없다.'[82] 프로이트의 언명은 다음과 같이 해석될 수 있다. 즉 증명할 수도 부정할 수도 없지만 종교적 믿음들 자체는 참이거나 거짓이기 때문에, 그것들에 대해 우리가 원칙적으로 증거를 가질 수는 없다. 다만 소녀가 자신의 믿음에 대한 증거를 갖고 있지 못한 것같이 우리도 종교적 믿음이 참이거나 거짓이라

---

82) Freud, 165면.

는 증거를 지금 이 순간에는 갖고 있지 못할 뿐이라는 것이다. 또한편 다음과 같은 해석도 가능하다. 종교적 믿음이 너무 모호하고 방만하기 때문에 무엇을 그것들에 대한 증거로 간주할 수 있는지 알 수가 없고, 실재에 대한 표상으로서의 그 믿음들에 대해 판단을 전혀 내릴 수가 없다는 것이다. 따라서 종교적 믿음들이 순전히 태도를 나타낸다기보다 반드시 실재를 표상한다고 여기는 것 자체가 어불성설이라는 것이다. 우리들의 목표를 규율하는 운명이 있다는 믿음에 어떤 증거를 댈 수 있겠는가? '실체나 실체의 속성만이 존재하며, 신은 유일한 실체이다'라는 믿음에 대해서도 사정은 마찬가지이다. 이 같은 입장으로부터 종교적 믿음을 참이나 거짓이라고 부르는 것 자체가 말이 안 된다는 입장으로 넘어가는 것은 어렵지 않은 일이다. 증거가 많다는 것이 중류 계급의 소녀가 왕자와 결혼할 것이라고 스스로 믿는 이유일 수도 있다. 하지만 있지도 않고 전혀 부적절한 증거를 빌미삼아 종교적 믿음을 유지하려 할 사람은 없다. 종교적 믿음은 행위자의 욕구와 필요를 충족시킬 수 있었기 때문에 수천 년 동안 존속할 수 있었던 것이다.

  따라서 최소한의 다음과 같은 구별이 필요하다.

(a) 망상의 경우: 믿음이 거짓이라는 압도적인 증거에도 불구하고 어떤 욕망을 만족시켜 주기 때문에 행위자가 그것을 고집하는 경우.

(b) 믿음에 대한 적절한 증거를 행위자가 가질 수 있고, 욕망을 충족시키기 때문에 믿음을 수용하는, 환상의 경우.

(c) 믿음에 대한 적절한 증거가 없지만, 어떤 욕망을 만족시키기 때문에 행위자가 갖는, 환상의 경우.

  그렇다면, 경멸적인 의미의 이데올로기는 일종의 망상인가 아니면 환상인가? 이데올로기 비판의 일반적인 '희망적 관측 모델'부터 논의해 보자. 이 모델에 의하면 이데올로기 비판의 기능은,

(a) 어떤 행위자는 특정한 실수를 저지른다는 사실
(b) 관심(interests)을 궁극적으로 참고함으로써 그런 실수를 저지르는 까닭을 설명할 수 있다는 사실을 보여 주는 데 있다는 것이다.

이 모델은 (b)의 설명이 개인적 심리학의 맥락에서 주어질 필요가 없기 때문에 프로이트가 취급한 경우와도 다르고 통상적인 '희망적 관측'의 경우와도 상이하다. 제도적 맥락 때문에 행위자가 실수할 수 있는데, 이때 우리는 행위자의 관심을 참조함으로써 제도적 맥락이 왜 행위자가 실수하게 만든 특정들을 지니게 되었는지 설명할 수 있다. 그러나 실수를 한 행위자가 개인의 차원에서는, 실수한 이유를 설명해 주는 관심을 충족시키기 위해 행위하지 않은 것일 수도 있다. 사실상, 실수한 이유를 설명해 주는 관심이 실수한 당사자의 관심이 아닐 수도 있다. 예를 들어 불이익을 받는 집단의 구성원이면서 정부 기관에 고용되어 실업 통계를 수집-분석하는 사람의 경우를 살펴보자. 그리고 한 사회의 실업률이 조직적으로 낮게 계상되어 있고, 그러한 왜곡이 그 사회의 실권 집단의 관심에 봉사하기 때문에 이루어진다고 가정해 보자. '실수한' 통계 관리는 실업률에 대한 그릇된 믿음을 유지함으로써 충족시킬 수 있는 관심이 전혀 없을 수도 있다. 이 경우 실업률의 왜곡이 사실상 그의 관심에 정면으로 배치될 수도 있다. 실수가 '관심' 때문에 초래된다고 할 때, 그 관리에게 실수를 유도하는 직접적이고 개인적인 유인이나 동기를 제공한다는 방식으로 작동되는 것이 아니다. 오히려 통계가 수집되고 평가되는 조건을 창출함으로써

그 조건 속에서 작업하는 합리적 행위자가 그러한 체계적 오류를 자연스럽게 범하도록 유도하는 것이다.

위에서 묘사된 '일반화된 희망적 관측 모델'은 이데올로기를 일종의 '망상'으로 환원시킨다. 문제의 믿음이 분명히 오류이며, 합리적인 행위자가 그것이 오류임을 알 수 있는 많은 증거가 있지만, 강력한 관심이 그들을 비정상적인 상황으로 몰아넣기 때문에 믿음이 오류임을 보지 못한다는 것이다.

강력한 사회 집단의 관심이 어떻게 허위 정보를 사회 속에 생산해 내고 퍼뜨리는지를 폭로하는 일은 경험적 사회 조사에 있어서는 극히 중요한 과업이지만 이데올로기 비판에 있어서는 그렇지 않다. '망상'이라고 프로이트가 부른 전형적인 경우에서처럼 위에서 논의된 예에서도, 문제의 실수나 잘못은 아주 사실적인 실수이다. 그러나 사실적 실수가 아무리 많다고 해도 그 자체로서는 의식을 이데올로기적으로 만드는 데는 충분치 않다. 의식 형태가 이데올로기적일 때, 어떤 종류의 진리가 체계적으로 무시되거나 실수가 체계적으로 저질러지는 결과가 빚어질 수 있다. 실수가 체계적으로 저질러지고 있다는 사실 때문에 '이데올로기적'인 요소가 의식 형태 속에 침입했다고 의심할 수도 있지만, 사실에 대한 무지나 잘못된 사실적 믿음이 이데올로기적인 오류를 초래하지는 않는다. 앞에서 논의된 '발생학적' 견해에 의하면, 의식 형태의 기원이나 오류가 이데올로기적 오류를 초래한다고 한다. 그래서 이데올로기 비판은 이 특수한 종류의 비경험적 실수를 적발해내야 한다는 것이다. 그러나 희망적 관측 모델인 (a)나 (b) 둘다 통상적인 경험적 사회 조사 방법만을 요구하는 것처럼 보인다. 실업률의 하향 계상에 있어 문제가 되는 사항은 그것의 특정한 기원이 아니라 하향 계상되고 있다는 사실, 즉 사실적 오류를 범하고 있다는 점이다.

이데올로기적 오류가 프로이트적 의미에서 '망상'이거나, 위에서 묘사된 희망적 관측 모델에서 적절하게 분석된다면, 이데올로기 비판은 인식론에 관한 전래의 견해를 수정케 만드는 활동이 아니다.

이데올로기적 오류가 중산층 소녀의 경우와 비슷한 환상의 범주에 속한다 할 때도 똑같은 논증이 적용된다. 소녀가 지닌 믿음이 그녀의 욕망을 만족시킨다는 사실을 보여줌으로써 그 믿음의 오류를 입증할 수 있는 것은 아니기 때문이다. 소녀의 믿음을 비판하는 방식은, 믿음이 참임을 바라는 그녀의 소원을 드러내 보이는 데 있지 않고, 그 믿음이 얼마나 엉터리인가를 입증하는 데 있으며 그 작업은 '통상적인 경험적 수단'에 의거해 행해진다. 이러한 입장에 대해 다음과 같은 반론이 제기될 수도 있다. 즉 여기서의 요점은 믿음이 오류라는 것을 보이는 데 있지 않고, 증거도 없는 엉터리 같은 믿음을 받아들이는 행위자(소녀)를 비판하는 데 있다는 것이다. 그러나 이런 경우를 다루는 데 있어서도 인식론의 주요 수정이 요구되지는 않는다. 왜 실증주의자조차도 행위자가 터무니없고 경험적으로도 지지될 수 없는 믿음을 지닌다고 비판할 수 없단 말인가?

그렇다면 이데올로기는 (c)같은, 두 번째 종류의 환상에 속하는가?[83] 다시 말해서, 이데올로기란 경험적 내용이 거의 또는 전혀 없는 의식 형태이고 행위자의 욕구, 욕망이나 이익을 충족시키기 때문에 받아들여질 수밖에 없다는 말인가? 믿음이 욕구나 욕망을 만족시킨다거나, 그렇기 때문에 수용된다는 지적 그 자체는 믿음에 대한 반론이 될 수 없다. 훌륭한 증거를 가진 참된 믿음은, 훌륭한 증거를 가진 참된 믿음을 수용하고자 하는 나의 욕구를 충족

---

83) 이 책, 84면을 보라.

시키고, 또한 그러한 욕구를 충족시켜 주기 때문에 내가 그 믿음을 받아들이는 것이다. 믿음이 욕구를 만족시키기 때문에 받아들이는 게 아니라 잘못되고 부적절한 욕구를 만족시키기 때문에 믿음을 수용한다는 사실이 '희망적 관측'의 문제점을 적시해 준다. 경험적 믿음이 받아들여지는 이유는 그것이 잘 확증된 경험적 믿음을 받아들이고 싶어하는 우리의 욕구를 만족시켜 주기 때문이다. 그 외의 다른 욕구 때문에 잘 확증된 경험적 믿음을 수용한다면, '희망적 관측'에 빠져 있다는 얘기가 된다. 이는 여러 종류의 믿음이 가지고 있는 동기가 적절한가 부적절한가를 구분할 수 있을 것이라는 가능성을 암시한다. 오직 잘 확증된 믿음만을 수용하려는 욕구가 경험적 믿음을 받아들이게 하는 단 하나의 적절한 동기라고 할지라도, 이 사실 자체가 규범적-형이상학적인 믿음이나 태도나 선택을 취하는 데 있어 적절한 동기가 될 수는 없다. 왜냐하면 원칙적으로 이러한 믿음이나 선택은 경험적으로 확증될 수 있는 방도가 없기 때문이다.

　인간인 이상 우리는 선택이나 태도, 규범적 믿음을 가질 수밖에 없다. 그렇다면, 어떤 태도, 선택 그리고 비경험적인 믿음에 대한 적절하고 용인 가능한 동기와, 부적절하고 용인 불가능한 동기를 구별할 방도가 있겠는가? 용인될 수 없는 동기 때문에 선택과 태도 등이 채택되었다면, 그것들을 '잘못된' 것이라고 거부해야 하는가? 희망적 관측 때문에 채택된 경험적 믿음이 항상 거짓인 것은 아니다. 실상 우리는 믿음이 거짓이거나 최소한 아주 받아들이기 어려울 때만 '희망적 관측'을 운위한다. 그러나 우리가 지금까지 그렇게 간주한 것같이 단순히 믿음이 어떤 욕구—잘 확증된 욕구를 받아들이고 싶어 하는 욕구 외의—를 만족시키기 때문에 그 믿음을 받아들이는 행위가 '희망적 관측'이라면, 증거를 근거로 해서 믿음을 수용하는 한, '희망적 관측' 때문에 받아들여진 믿

90

음에 대해서도 증거가 존재할 수 있다. 따라서 희망적 관측에 빠져 있는 행위자를 비판한다고 해서 그 행위자가 가진 믿음을 틀렸다고 거부해야 하는 것은 아니다. 이런 식의 논증은 선택, 태도나 비경험적 믿음에는 적용되지 않는다. 선택이나 비경험적 믿음의 진위와 행위자가 그것들을 수용하는 동기를 구분할 수 없기 때문이다. 이 언명이 비경험적 믿음들은 단순히 관찰상 참도 거짓도 아니라는 것만을 뜻할 수도 있다. 한 가지 분명한 점은 태도나 비경험적 믿음을 수용하는 사람들의 동기를 비난함으로써 그것들이 허위임이 드러나지는 않는다는 사실이다.

니체의 기독교 비판은 이데올로기 비판에 대한 발생학적 접근 방식의 범례이다.[84] 기독교는 증오, 질시, 원망과 열패감에서 연원했다는, 기독교 '근원'에 관한 사실에 호소하므로 니체의 비판이 '발생학적'이라는 것이다. 기독교가 증오와 질시의 산물이라는 언명은 아마도 역사적 진술—그러한 진술이 어떤 비판적 함의를 지닐지는 불분명한데—이 아니고 기독교도의 전형적 동기에 대한 일반적 진술이다. 그런데 그러한 동기가 '받아들이기 어렵다'라는 사실은 어떻게 알 수 있는가? 증오가 일반적으로, 또는 언제나 받아들이기 어려운 행위 동기라는 견해에 니체 자신이 반드시 얽매일 필요는 없다. 비판적 작업을 위해서는, 기독교도라면 증오를, 믿음, 선택이나 태도에 대한 받아들일 수 있는 동기로 인정할 수는 없으리라는 사실로 충분하다. 증오가 아니라 믿음이나 사랑이 행위의 동기가 되어야 한다는 주장이 기독교의 중심 교의이기 때문에 기독교 자체가 동기의 '용인 가능성'의 기준을 제시하고 있다. 만약 기독교의 '근원'에 대한 니체의 설명이 옳다면, 신도들이 기독교를 신봉하는 스스로의 동기를 시인하지 말라고 기독교가 '요

84) Nietzsche(1969).

구하는' 셈이 된다. 이러한 비판이 기독교를 '거짓된' 것으로, 아니면 모순적이고 극히 비합리적이며 불안정한 것으로 묘사하느냐의 여부는 그리 중요하지 않다. 니체의 논증을 받아들인 기독교도가 신앙을 포기했다면, 그 사람이 변덕스럽게 행동했거나, 단순히 자의적인 결정을 내린 것이 아니라는 데 요점이 있다. 환언하면 그 사람의 행동은 합리적으로 근거지어진 것이다.

이 예는 우리가 적어도 어떤 경우에는 행위의 동기를 이유로 의식 형태를 '비판할 수' 있음을 보여준다. 그러나 의식 형태의 '근원, 유래, 내력'은 행위자의 단순한 동기 이상을 포함한다. 3장에서는 비동기적인 상황─그 아래서 행위자가 의식 형태를 획득하는─의 특징을 근거로 해서 의식 형태를 비판하는 종류의, 발생학적 이데올로기 비판이 다루어진다.

2장 관심

1. 진정한 관심

1장에서 '이데올로기'라는 용어의 다양한 쓰임새가 논의되었지만, 2장에서는 '허위 의식'을 지칭하는 이데올로기가 가장 중요한 분석의 대상이 된다. 이데올로기적 의식이 '오류'라는 진술의 의미를 확정하려는 작업이 1장의 4절에서 시도됐다. 하지만 1장의 대부분에서는 이데올로기적 잘못의 본질적 특징에 관해 상술하지 않았다. 이데올로기적인 허위 의식 때문에 고통받는 행위자가 자신의 진짜 관심에 대해 속고 있는 경우가 바로 이데올로기적 잘못의 예이다. 이데올로기 비판은 행위자에게 스스로의 참된 관심을 '분명하게 보여 준다.' 여기서 우리는 행위자의 '참된', '진정한' 또는 '객관적인' 관심과 '단순히 표면적인', '단순히 현상적인' 또는 '지각된' 관심을 구별하는 작업과, 일단의 행위자들이 스스로의 참된 관심에 대해 속고 있다는 주장의 의미를 확정하려고 한다.

지금까지 우리는 일단의 행위자들이 갖는 욕구, 욕망, 관심, 필요, 선택 등의 용어들이 다소간에 같은 것을 의미하는 것처럼 취급했다. 행위자들의 명시적인 공언—욕구하는 대상에 관한 말—과 실제적 행동을 근거로 일련의 욕구, 선택, 욕망이 어떤 행위자의 것이라고 추정해 왔다. 그러나 공언도 혼란스럽거나 단편적-모순적일 수 있고, 비슷하게 혼란스럽거나 모순에 가득찬 일단의 행동과는 약간의 상관관계도 없을 수가 있다. 행위자들이 공언된 '욕구'에 따라 행동하지 않는다는 압도적인 증거가 없을 때 우리는 그들의 말을 그대로 받아들이지 않거니와, 또한 행위자들이 주장에 근거해서 항상 행동하지는 않는다는 이유 때문에, 인간의 본질적인 취약함을 전적으로 무시하면서까지 그들의 진지한 주장을 위선으로 몰아칠 의도는 없다. 따라서 우리가 한 집단의 것이라고 추정한 일단의 욕구와 선택들은 일종의 이론적 구성물로서, 단편적인 증거의 공백을 메워주고 공언과 행동 사이의 모순을 조금은 없애 주면서, 결국에는 구성원 개인이 깨닫고 있지 못한 욕망과 욕구를 실제적 행동을 근거로 해서 집단에 귀속시키는 역할을 한다. 이 이론적 구성물이 너무나 결정적이고 정합적인 욕구 체계를 집단에 지우지 않도록 만드는 것은 상당히 어려운 일이다. 언제 외견상의 모순을 용인해야 하며, 그 모순을 눈에 띄지 않게 할 때 어떤 종류의 합리성에 관한 가정을 해야 하는가? 개인과 집단이 자신의 욕구와 선택 중 어떤 부분에 대해 깨닫지 못할 수 있다. 바꿔 말하면 그들의 명시적인 행위를 근거로, 자신들 스스로는 결코 표현한 적도 없을 뿐더러 말로는 부인까지 하는 요구와 선택이 그들 것이라고 추정할 수 있게 된다.

'필요'는 개인적 또는 사회적 유기체의 성공적인 작동과 연관해서 정의된다. 유기체의 '필요'가 충족되지 않을 때, 그것은 잘 기능하지 못할 것이다. 인간은 최소한의 열량, 단백질과 비타민 등의 섭취를 필요로 한다. 장기간 최소한의 영양 섭취도 못할 때 인간은 기능을 잘 발휘하지 못하게 되고, 무기력해지고 질병에의 저항력도 저하되며, 아마 죽을지도 모른다. '성공적 작동'은 무척 융통성이 있는 개념이다. 만약 내가 적절하지 못한 음식 때문에 약간

무기력해진 경우는 어떻게 되는가?

이러한 설명을 사회적 '유기체'에까지 확장하기란 쉽지 않은 일이다. '성공적 작동'의 개념은 분명히 사회 체계보다 생물학적 유기체에 더 잘 적응된다.[1] 언제 사회가 '건강하며', 언제 '병적'이라고 할 수 있는가?

행위자나 사회가 자체의 필요를 깨닫지 못할 수 있다. 음식물의 예를 다시 들어보자. 나는 매 6개월마다 일정량의 비타민 C를 필요로 하며 비타민 C가 부족할 경우 괴혈병에 걸린다는 사실을 알고 있다. 그러나 나의 몸이 기능하기 위해 필요로 하는 다른 무수한 영양물이 존재하므로 필요로 하는 그 영양물 모두를 내가 반드시 알고 있다고 상정할 수는 없다.

행위자는 자신의 욕구나 욕망을 만족시키는 데 대한 관심을 가질 수도 갖지 않을 수도 있다. 어느 정도 교정된 알콜 중독자는 아직 음주에 대한 강한 욕구를 갖고 있겠지만, 동시에 그 욕구를 만족시키지 말아야 할 관심도 가진다. 욕구 가운데 어떤 것을 만족시키는 데 내가 관심을 가질 수 있다. 그러나 또한 지금 이 순간에는 그 욕구를 만족시키지 말아야 하는 데 관심을 가질 수도 있으며, 지금 지니고 있지 못한 새 욕구를 충족하는 데 대한 관심과 찬성하고 있지 않은 욕구를 버리는 데 대한 관심도 가질 수 있다. 이런 모든 경우는 욕구-욕망과 '관심' 사이의 충돌이라기보다는 두 종류의 욕구—아마 '첫 번째 등급의 욕구'와 '두 번째 등급의 욕구'[2]—사이의 갈등으로 이해될 수 있다.[3] 이러한 전략은 다음과 같은 이유 때문에 채택되지 않을 것이다. 즉 내가 나 자신과 동일

---

1) ZL 176 이하, EI 350[T1 288~289], TW 162[T1 312~313], TG 146 이하, 특히 151~152, 163면 이하.
2) Frankfurt(1971).
3) 관심에 대한 논의에서 나는 Hirschman(1977)의 영향을 많이 받았다.

96

시하는 그런 욕구를 가질 수 있고, 그 욕구를 만족시키지 않으려는 두 번째 등급의 욕구가 없음에도 불구하고 그 욕구를 만족시키지 말아야 하는 데 대한 관심을 내가 가질 수 있기 때문이다. 어느 정도 교정된 알콜 중독자는 음주에 대한 강력한 첫 번째 등급의 욕구를 지니면서, 그 첫 번째 욕구를 만족시키지 않으려는 강력한 두 번째 등급의 욕구도 지니므로 이 두 가지 욕구는 충돌한다. 구제 불능의 알콜 중독자는 음주에 대한 과도한 욕구를 지니면서 그 과도한 욕구를 만족시키지 않으려는 적절한 두 번째 등급의 욕구를 지니고 있지 못하다. 만약 구제 불능의 알콜 중독자가 더 합리적이라면 적절한 두 번째 등급의 욕구를 획득하려고 노력할 것이다. 그러나 다른 상황에서는 그럴 것이라는 사실로부터 지금 그가 두 번째 등급의 욕구를 어떤 의미에서는 지니고 있다는 결론이 도출되지는 않는다. 여기서 '욕망-욕구' 개념과 공언, 행동 간에는 밀접한 연관관계가 있다. 예컨대 어느 정도 교정된 알콜 중독자는 자신이 음주에 대한 강한 욕구를 지니고 있다고 주장하고, 음주 안 하려는 욕구를 지니고 있음을 부인하며 그의 행동이 그 사실을 증거한다. 그럼에도, 구제 불능의 알콜 중독자는 음주하지 않는 데 대한 관심을 갖는다(아울러 적절한 두 번째 등급의 욕구를 발전시키는 데 대한 관심을 갖는다). 그러나 알콜 중독자는 음주를 절제하려는 데 대한 관심은 갖지만 그에 대한 아무런 욕구도 갖지 않는다고 진술하는 것이, 알콜 중독자는 음주에 대한 욕구를 갖지 않는 편이 낫다고 외부 관찰자인 우리가 생각하는 것 이상의 어떤 의미를 지니고 있는가? 그 진술이 그 이상의 의미를 결여하고 있다고 하더라도 별 문제는 없지만, 공인된 알콜 중독자는 그의 관심에 관한 우리의 판단에 동의할지도 모른다. 즉 술 안 마시는 것이 자신의 관심과 일치한다는 데 그가 동의할 수도 있다. 다만 그는 그 관심에 따라 행동하려고 하는 욕구를 사실상 지니고 있지 못한 것이다.

'관심'의 개념이 모호한 부분적인 이유는 그것이 '이성'과 '욕구의 기능'을 매개 또는 연결시켜 주는 역할을 하기 때문이다.[4] 관심은 욕구로부터 나온다. 내가 플루트를 지금보다 잘 불고 싶은 욕구를 지니고 있기 때문에 스스로의 폐활량을 늘리는 데 관심을 가질 수 있다는 것이다. 그러나 욕구를 가지고 있다는 사실로부터 그 욕구가 충족될 수 있는 조건을 창출하는 데 상응하는 관심을 가지고 있다는 사실이 도출되지는 않는다. 알콜 중독자의 경우가 보여주듯이, 문제의 욕구가 충족 '되어야' 한다는 판단을 스스로 내리지 않으면, 또는 그 욕구를 충족시키지 말아야 할 압도적인 이유가 없으면, 그러한 관심도 존재하지 않게 된다. 그러나 관심을 깨달음으로써 새로운 욕구가 창출될 수도 있다. 구제 불능의 알콜 중독자는 음주를 중단하려는 욕구를 갖고 있지 않다. 그러나 술 마시지 않는 것이 자신의 관심과 일치한다는 사실을 깨달으면, 음주를 중단하려는 노력을 할 수 있고 성공할 수도 있다. 여하튼 그 사실을 깨닫거나 깨닫지 못하거나에 관계없이 술을 끊는 것이 그의 관심과 일치한다.

행위자의 '관심'에 대해 말하는 것은 그 행위자의 특정한 욕구가 정합적인 '좋은 삶'과 합리적으로 통합될 수 있는 방식에 대해 말하는 것과 마찬가지다.[5] 건강은—극단적인 경우에는 삶 그 자체

---

4) EI 244면 이하(T1 198면 이하), 특히 250(T1 201면).

5) 확실히 행위자들과 집단은 단순한 생물학적 생존만을 지향하는 것이 아니라, '좋은' 삶의 획득과 특정한 문화적 삶의 양식의 재생산을 목표 삼는다. ZL 176 이하, EI 350(T1 288~289), TW 162(T1 312~313), TG 146 이하, WL 41(T6 40~41면) 참조. Hirschman(32면)이 보고한 바, '관심'이라는 용어의 17세기적 용법에 대해서도 주의하라: '관심은 인간적 바람의 총체로 구성되어 있으며, 그 같은 바람이 추구되는 방식'은 전연 방식이라고 할 만한 것이 '못 된다'.

까지도— '좋은 삶' 의 개념에 필수적이고, 과도한 음주는 좋은 삶과 조화될 수 없다는 사실 때문에, 우리는 알콜 중독자가 비록 인정하지 않는다고 할지라도 그가 금주에 대한 관심을 갖는다고 말할 수 있다.

의식하고 있지 못한 욕구나 욕망—행동에서는 드러나지만 인정도 하지 않고 공언도 하지 않는—을 가질 수 있는 것과 꼭 마찬가지로, 의식하고 있지 못한 관심도 가질 수 있다. 어떤 필요를 갖는다는 사실로부터 그 필요를 충족시키려 하는 욕구를 갖는다는 사실이 반드시 도출되지는 않는다. 내가 필요를 의식하고 있지 않다면, 그 필요를 만족시키려 노력하는 방식으로는 행동하지 않을 것이다.[6] 그럼에도, '필요' 라고 명명될 수 있는 모든 것을 만족시키는 데 대한 관심을 내가 갖는다는 점을 지적하고 싶다.

따라서 자신들의 욕구, 욕망, 관심에 대해 행위자들이 속거나 잘못 생각하고 있다는 주장은 전혀 이상한 주장이 아니다. 행동으로 보아 거짓임을 알 수 있는 욕구를 진지하게 공언한다거나, 행동으로 보아 분명히 가지고 있는 욕구를 맹렬히 부인할 수도 있다. 행위자가 만약 자신이 가진 어떤 필요를 의식하지 못하고 있다면, 그 필요를 만족시키는 데 도움이 되지 않는 일단의 관심이나 일관되지 못하고 자기패배적인 관심을 스스로 형성할 가능성도 있다. 또한 그러한 일단의 관심에 대한 추구가 행위자가 희망하는 것같이 행복, 안정, 만족을 가져오지 않고 반대로 고통, 비참, 좌절을 초래한다고 믿을 아주 완벽한 '경험적' 근거를 들이댈 수도 있다. 자신의 관심에 대해 속거나 잘못 생각하고 있는 경우, 행위자는 '진

---

6) 물론 자신이 전혀 의식하지 못하는 필요를 충족시키기 위해 행위자가 체계적으로 행위하는 경우가 많이 있을 수 있다. 사회과학에서 가장 흥미있는 저작들의 상당수는, 사회제도가 바로 이 결과를 달성하기 위해 어떻게 조직되었는가를 밝히는 데 전념한다. Harris(1974)는 좋은 예이다.

정한', '참된' 관심이 아니라 '단순히 표면적인' 관심을 추구하고
있는 것이다.

　일단의 행위자들이 가지는 '진정한', '참된', '객관적인' 관심이
란 도대체 무엇이며, 행위자들은 그러한 관심을 어떻게 알게 되는
가? 집단이 갖는 '참된' 관심을 정의하는 데 있어서 '완전지 접
근'(perfect-knowledge approach)과 '최적 조건 접근'(optimal
condition approach)의 두 가지 방식을 구분할 수 있다.

　우리가 이미 논의한 예들이 '완전지 접근'이 어떻게 발생하는지
를 보여준다. 갑돌이가 구제 불능의 알콜 중독자라면 그는 음주에
대한 첫 번째 등급의 욕구를 가지면서 그 욕구를 만족시키지 않으
려 하는 두 번째 등급의 욕구는 갖고 있지 않다. 우리는 이 사실과
술 마시지 않는 것이 자신의 관심과 일치한다는 갑돌이의 인지는
양립 가능함을 살펴본 바 있다. 갑돌이가 이 사실을 인지한다는
사실 자체가 그로 하여금 적절한 두 번째 등급의 욕구를 획득하거
나 배양하게끔 유도할 수도 있으나 갑돌이는 아직 두 번째 등급의
욕구를 갖고 있지 못하다. 물론 갑돌이는 매우 무식하거나 잘못된
견해를 지닌 연고로, 술을 끊는 것이 자신의 관심과 일치한다는
사실을 인지하고 있지 못할 수도 있다. 혈액 순환에 음주가 좋다
고 생각하거나 간경변증 등에 대해 전혀 알지 못할 수도 있기 때
문이다. 그런 경우 갑돌이는 그의 관심에 대해 오해하고 있다. 그
런데 갑돌이가 더 많이 알게 된다면—예컨대 음주가 건강에 미치
는 영향에 관해 정확한 견해를 갖게 된다면—술을 계속 마시는
것이 자신의 관심과 어긋난다는 사실을 인지하게 될 가능성도 존
재한다. 갑돌이가 적절한 지식을 획득함으로써 자신의 관심에 관
한 더 분명하고 정확한 견해를 소유할 수 있기 때문이다. 이 사실
과 '완전한' 지식을 가진 한정된 경우에 가질 수 있는 관심이야말
로 '진정한', '참된', '객관적인' 관심이라는 주장은 서로 연결되어

있다.

'완전지'에는 무엇이 포함되는가? 아마 과학이 제공하는 모든 경험적 지식을 최소한 포함하겠지만, 정신 분석이 제공하는 자신에 대한 지식과 우리를 만족시키는 것들에 대한 지식도 포함하는가? 구득 가능한 '완전한' 경험적 지식을 갖고 있지만 현재의 욕구와 관심에 관한 정확한 성찰을 위해 그 지식을 사용하지 않았을 경우, 진정한 관심을 안다고 할 수 있겠는가? 사드 후작이 은하계에서까지 통용될 수 있는 대영 백과 사전의 최종판을 마음대로 사용할 수 있었을 경우 가질 수 있었을 관심이 그의 '참된' 관심이라고 할 수 있겠는가?

'최적 조건' 접근 방식은, 인간 행위자의 욕구와 관심이 극히 다양하기 때문에 행위자가 어떤 욕구와 관심을 형성할 것인가도 대부분 그들이 살고 있는 상황에 달려 있다는 관찰로부터 비롯된다. 극단적인 결핍 상황에 있는 행위자들이 병적인 욕구와 관심을 발전시키는 경우는 특별히 잘 알려져 있다. 예를 들면, 우간다, 케냐, 수단의 접경 지대에 사는 이크족은 배부르게 먹는 것을 유일한 선으로 간주한다고 한다. 이크족은 그래서 노약자나 연소자들의 식량을 습관적으로 탈취하며, 이런 매우 고약하고 짓궂은 기쁨(Schadenfreude)이 그들의 인생에서 주된 기쁨처럼 보인다.[7] 이크족에 대해 처음 묘사한 인류학자는 그들의 가치 체계가 몇 세대에 걸친 기근에 대한 반응이라고 생각했지만 이제 식량 상황이 좋아졌음에도 불구하고 그 가치 체계가 '공고'해져서 변하지 않는다.

왜냐하면 다음과 같은 사실이 처음부터 분명했기 때문이다. 즉, 갑작스런 음식의 공급 과잉이 아무것도 변화시키지 않았다는 사실이다.

---

7) Turnbull(1972).

공급 과잉은 오히려 인간 관계를 훨씬 더 악화시켰으며, 이크족 자신들도 견디기 어려울 정도로 서로간의 이기주의를 강화시켰다. 이크족이 전에는 마땅한 대상도 없이 비열하고 탐욕적이며 이기적이었다면, 이제는 탐욕을 부릴 대상이 존재하기 때문에 동물들에게조차 모욕적이 될 정도의 야수성을 드러내고 있는 것이다.[8]

이러한 가치 체계는 이크족이 사는 끔찍한 상황에 대해서는, 이해할 수 있고, 어떤 의미에서는 '합리적인' 적응 방식이다. 그러나 그렇다고 해서 그들이 전형적으로 경멸스러운 행동이나 사기 행위를 할 때나, 다른 사람에 대한 동료 의식과 동정심을 거의 느끼지 않도록 스스로를 훈련시킬 때나, 부족 안의 노약자들을 괴롭힘으로써 희열감을 느끼거나, 조금 남은 이타심을 드러내는 사람을 조롱할 때, 이크족이 '참되고', '진정한' 관심을 추구하고 있다고 말할 수 있겠는가? 만약 그들이 객관적으로 끔찍한 상황 속에 살고 있지 않았더라면 이러한 욕구와 관심을 형성하지는 않았을 것이라는 사실을 믿을 근거가 있기 때문에 이크족들이 참된 관심에 의거해서 행동하고 있지 않다고 말할 수 있다. 상황이 끔찍하기 때문에 욕구와 관심이 병적으로 형성된 것이다. '최적 조건' 접근 방식은 이러한 생각을 뒤집어서, 이크족들이 '최적의'—예컨대 유리한—조건 속에 있었다면 형성시켰을 관심이야말로 '진정한' 관심이라고 주장한다. 그러나 관심을 형성할 수 있는 '최적 조건'이란 과연 무엇인가? 어떤 조건이 최적인가를 밝히는 것보다는 어떤 조건이 최적이 아닌가—즉, '참된' 관심을 형성하는 데 적극적인 방해가 되는 것이 무엇인가—를 드러내는 작업이 더 용이하다. 극단적인 물리적 결핍의 조건 아래서나, 학대받거나 부당하게 강제 당하

8) Turnbull, 280면.

고, 압력에 시달리거나 영향받는 상황 속에서는, 그리고 심한 무지와 잘못된 믿음이 지배적인 조건 아래서 행위자가 관심을 '정확하게' 형성하기란 어려운 일이다.

일견, '진정한 관심'의 두 가지 의미가 무척 상이한 것처럼 보일수 있다. 특정한 행위자가 특정한 초기 의식 형태를 가지고 특정한 객관적 상황에서 완전한 지식을 지닐 때 형성시켰을 관심과, 최적의 조건에서 형성시켰을 관심이 동일하지는 않기 때문이다. 바꿔 말하면, 우리가 실제로 지닌 욕구와 관심에 대해 충분히 깨닫게 되는 작업과 '정당한' 관심—극히 운좋은 상황에 살았더라면 가질 수 있었을—을 획득하는 작업은 서로 다르다. 두 개 중의 첫번째 작업은 집단을 위해 긍정적인 의미의 '이데올로기'를 만드는 작업과 유사하다.[9] 환언하면, 초기의 의식 형태가 주어졌을 때 그 행위자의 실제 상황에 가장 적절한 믿음, 욕구, 관심의 체계를 만드는 작업과 비슷하다는 것이다.[10] '진정한 관심'의 두 의미 사이의 차이는 이크족의 경우에서 특별히 분명하게 드러난다. 이크족들이 더 많은 경험적 지식을 구비하고 일정 정도의 자신에 대한 지식—자신의 욕구에 대한 성찰적 인지—을 갖춘다고 해도, 현금의 상황 속에 머무르는 한 기껏해야 지금보다 조금 정교해진 형태의 병적 의식밖에는 소유하지 못할 가능성이 많다.

그러나 '진정한 관심'의 두 가지 의미의 외양상의 차이는 오도된 것일 수도 있다. '최적 조건' 안에서는 심한 무지와 잘못된 믿음은 부재하는 반면, '완전지'는 존재한다는 주장이 가능하기 때

9) 이 책, 58~63면을 보라.
10) '진정한 관심'의 두 가지 의미 중 첫 번째 것을 정신 분석학적 모델—반성적 자기지는 행위자 개인으로 하여금 자신의 진짜 관심을 깨닫게 한다—과 연결시키고, 두 번째 것을 맑스주의적 사회 이론—인간 집단의 욕구와 관심이 다양한 사회·경제 상황 아래 형성되거나 왜곡되는 방식에 관한 체계적 견해인—과 연결시키는 것은 그럴 듯한 작업인 것처럼 생각된다.

문이다. 그러나 '진정한 관심'의 두 의미를 완전히 동일시하기에
는 아직 이크족의 예가 장애가 되는 것처럼 보인다. 과연 그럴까?

이크족이 세계와 그들의 상황과 스스로에 관한 완전한 지식을
획득하더라도 메스껍고 병적인 관심 체계를 형성할 가능성은 있
다. 그 이유는 부분적으로 그들이 처해 있는 객관적 상황이 끔찍
하기 때문일 수도 있고, 또 다른 부분적인 이유로는 이크족이 아
예 구역질나는 성격을 지니고 있기 때문일 수도 있다. 나아가 완
전지를 구비했을 때 이크족이 형성하게 될 관심은, 최적 조건 아
래서 형성되게 될 관심과 일치하지 않기 때문에 그들의 '진정한',
'참된' 관심이 아니라는 주장도 가능하다. 그러나 그러한 관심이
이크족의 '참된' 관심임을 부인하는 우리의 입장이 어떤 실제적인
근거를 가지는가? 우리가 보기에 그 관심이 마음에 들지 않는다는
대답은 논증이 되지 못한다. 완전지를 구비했을 때 이크족이 그러
한 관심을 갖게 되리라는 것과, 그들이 살아야 하는 어려운 상황
아래서는 그러한 메스꺼운 관심이 어떤 의미에서 적절한 것일 수
도 있음을 인정한다면, 그 이상 더 무엇을 요구할 수 있겠는가?

이크족이 완전지가 구비된 조건에서 형성하게 될 관심이 반드
시 그들의 '참된 관심'일 필요는 없다고 주장하는 사람들은, 우리
가 윤리적으로 강하게 비난하는 관심이 인간 집단의 '진정한', '참
된' 관심일 리는 없다는 가정을 하고 있다. 우리가 동의하거나 분
유하는 것만이 '진정한' 관심일 필요는 없지만—우리는 그 점에
대해 다원주의자가 될 수 있다—'진정한' 관심은 도덕적으로 받
아들일 수 있는 것이라야만 한다는 것이다. 최적 조건 아래서 행
위자가 획득하게 될 관심이 바로 '진정한 관심'임을 역설하는 주
장은, 진정한 관심은 도덕적으로 수용 가능한 것이라는 뜻을 포함
한다.

행위자가 자신의 진정한 관심에 관해 실수하는 것—이데올로기

비판은 그러한 실수로부터 행위자를 해방시킨다—이 바로 이데올로기이기 때문에 여기서 '진정한 관심'이 토의 대상이 되는 것이다. 그러나 우리가 아는 한, 이크족은 이데올로기적으로 오도된 것이 아니다. 아사 지경에 놓여 있다는 것이 그들의 문제이기 때문이다. 이크족의 의식 형태를 우리가 도덕적으로 비난하고 그들이 완전지를 구비했을 때 형성하게 될 관심도 우리가 거부할 것이라는 사실은 이데올로기 비판 과업과 또 그것과 연계된 '진정한 관심'의 개념과는 상관 없는 일이다. 이데올로기 비판은 도덕적 함의를 갖게 되겠지만, 도덕적 비판의 형태도 아니고 윤리적 전제로부터 출발하지도 않는다. 이데올로기 비판은 행위자들로 하여금 세계 안의 현실적 상황에 관한 망상과 오류로부터 깨어나게 함으로써 그들의 참된 관심에 대한 개화를 가져다준다. '진정한 관심'이 이와 다른 의미를 가질 수도 있으나 이데올로기 비판과는 무관하다. 행위자가 완전지를 구비할 때 형성하게 될 관심이 이데올로기 비판에서 취급되는 '진정한 관심'이기 때문이다.

그러나 우리의 혐오감과 도덕적 거부감이, 우리가 이크족이 완전지를 구비할 때 형성하게 될 '진정한 관심'에 대해 반대하는 유일한 근거인가? 이크족의 상황이 객관적으로 처참하다는 사실은 외부의 관찰자로서 우리가 내리는 단순한 판단만이 아니다. 이제 이크족 스스로가 자신들의 상황이 암울하다는 사실을 깨닫고서 사는 방식을 바꾸려 할지도 모른다는 것을 믿을 이유가 있다. 이크족은 지금의 극단적 기아 상태 속에 사는 것을 좋아하지 않을 수도 있고, 그런 상황 속에서는 욕구와 관심을 형성하지 않으려 할수도 있다. 이크족이 '완전지'를 갖는다고 가정하면, 그들은 또한 어떤 상태가 욕구와 관심을 형성하게 할 '최적 조건'인가를 인지하게 될 것이다. 굶주리지 않고, 강제도 없으며, 최소한 정확한 정보가 구비된 조건이 바로 최적 조건임을 여기서 상기할 필요가 있다. 완전지를 구비한 이크족은 그들이 '최적 조건' 아래서 산다면 어떤 관심을 형성하게 될 것인가를 스스로 알기 때문에 그들이 '최적 조건' 아래 살고 싶어하리라는 것을 우리가 상정하는 것은 그리 무리가 아니다. 그렇다면 우리는 완전지를 구비한 이크족이, 지금의 야수적 의식 형태보다 조금 더 세련됐을 뿐인 의식 형태만을 획득하게 되리라는 상정도 할 수 있겠는가?

이 질문에 대해 명확하고 확신에 차서 '예'라고 대답한다면, 논증이 아래와 같은 식으로 전개될 것이다. 이크족의 생존 조건이 지금과는 아주 상이했다면 아주 다른 관심의 체계를 형성했을 것이 틀림없다. 그들 자신이 그것을 인지하고 있다. 그러나 이 사실로부터, 완전히 다른 상황 속에서 이크족이 형성하게 될 관심이 바로 그들이 지금 갖는 참되고 '진정한' 관심이라는 결론은 도출되지 않는다. 아주 변화된 상황에서 살기를 이크족이 희구할 수도 있고, 그 같은 상황에서는 무엇을 욕구할 것인가를 스스로 추측할 수도 있다. 그러나 그 같은 희미한 바람이나 공상적인 추측은 허술하고 비효과적이기 때문에 현실 세계에서의 관심과는 아무 연관도 없다. 따라서 완전지를 획득한 이크족이 실제로 어떻게 행동하는가 한번 관찰해 보라.

여기서 교정되지 않은 알콜 중독자의 경우를 떠올릴 필요가 있다. 그는 음주를 중단하려는 효과적인 욕구를 갖고 있지 않으나, 술을 그만 마시는 것이 스스로의 관심에 일치한다는 점을 인지할 수 있다는 사실만으로도 금주에 대한 관심을 그 알콜 중독자가 가지고 있다고 말할 수 있는 충분한 근거가 된다. '관심'은 (효과적인) 욕구뿐만 아니라 판단과도 관계가 있다. 유사하게, 우리가 가정하는 것처럼 그들이 더 좋아할 다른 관심 체계—그들이 더 살고 싶어할 상황에서 획득하게 될 것이라고 이크족 스스로 인지하고 있는 그러한 관심 체계—가 존재함을 이크족이 인지한다면, 야수적 관심과는 다른 그들 스스로 실제로 추구하고 있는 조금 더 정련된 의식 형태 즉, 위에서 언급한 관심이 이크족의 진정한 관심이 되는 것이다. 최적 조건 아래서는 지금과는 아주 다른 관심을 갖게 되리라는 이크족의 인식이, 지금 같은 상황 아래서 그네들의 가증스러운 의식 형태를 변화시키는 데 효율적일 가능성은 매우 적다. 그러나 이러한 사실이 최적 조건 아래서 그들이 갖게 되리라고 스스로 인정하는 관심이 이크족의 '진정한' 관심이 아니라는 것을 뜻하지는 않는다. 음주가 자신의 관심에 반한다라는 알콜 중독자의 인식도 효과적이지 못하기는 매일반이다.

'진정한 관심'의 두 가지 의미의 유사성이 이 예에서 시사된다. 만약 행위자가 필요한 '완전지'를 구비한다면, 결핍과 강제가 없는 최적 조건하에서 형성하리라고 스스로 인지하고 있는 관심이, 바로 자신의 '진정한' 관심임을 깨닫게 되리라는 것이다.

프랑크푸르트학파가 약간 상이한 이유로 옹호하고자 할 결론이 바로 이것이다. '완전지'를 운위함으로써 우리는 이미 공상 과학소설의 영역 안에 들어섰다. 하지만 이크족의 경우에는 그들의 삶이 너무 피폐되고 제한되어 있기 때문에 자신과 자연적·사회적 환경에 관한 '완전지' 근처에도 접근하지 못할 것이라는 점이 너무 분명하다. 모든 구성원이 수십 년 동안 아사 지경에 놓여 있는 사회가 세련된 형태의 지식을 발전시킬 가능성은 매우 회박하다. 지식 획득에는, 최소한의 경제적 잉여뿐만 아니라 실험하고 대안을 시도하는 능력과 아울러 경험의 자유와 그 결과를 토론할 수 있는 능력이 요구되기 때문이다.

프랑크푸르트학파가 '완전지'의 일부라고 간주하는 종류의 자기 지식—스스로의 욕구, 필요, 동기에 관한 지식, 그리고 어떤 삶이 바람직하며 만족스러운가에 관한 지식—은 자유 토론과 대안적 삶의 방식을 실험하는 열려진 상상력이 광범위하게 허용되지 않는 사회에서는 획득되기 어려울 것이 분명하다. 이크족 사회같이 가난하고 제한되고 억압적인 사회에서 그러한 지식이 획득되기란 불가능한 일이다. 이크족을 추동하는 동기는 투명하다. 즉, 모든 불필요한 노력은 회피하되 가능한 한 많은 음식을 손아귀에 넣어야 된다는 것이다. 그 같은 상황에서는 욕구와 동기를 토론한다는 것 자체가 전적으로 무의미한 일이다. 이상적으로 자유로운 사회 안의 행위자— '유토피아'의 거주자—처럼 이크족도 완전히 투명한 동기를 갖지만, 그러나 이크족은 고차원의 자기 지식을 결여하고 있다. 이크족은 스스로의 인간적 가능성에 대한 지식을 갖고 있지 못하며, 그들이 영위하는 생활 형태에 대한 대안을 상상할 능력이 없다.

이러한 방식의 논증은 '진정한 관심'의 두 가지 의미가 수렴될 수 있음을 보여준다. 완전한 지식을 구비한 행위자가 갖게 될 관심과 최적 조건 아래서 형성하게 될 관심은 서로 일치한다. 왜냐하면 '최적 조건' 아래에 있지 않고서는 행위자가 '완전지'를 획득할 수 없기 때문이다. 그러나 '최적 조건' 아래 있다는 말은 자유의 조건뿐만 아니라 적절한 지식도 소유함을 의미한다. 완전지를 갖지 않고서는 완전히 자유로울 수 없는 것처럼, 완벽한 자유의 상태가 아니면 완전지를 획득할 수 없다. 완전지와 완벽한 자유가 보장될 때 우리는 '진정한 관심'을 형성할 수 있다. 완전한 자유라는 유토피아적 조건을 충족시키는 사회에서만 우리의 '진정한 관심'을 인지할 수 있고, 아직 그런 유토피아에 살고 있지 못하지만, 그럼에도 우리는 우리를 괴롭히는 억압을 완전히 없애기 위해서는 어떻게 행동해야 된다는 것과, 자유와 지식이 구비된 '최적 조건'에 어떻게 접근할 수 있는가를 인지할 수는 있다. 어떤 방향으로 움직여야 되는가를 우리에게 보여주는 것이 비판 이론의 임무이다.

3장 비판 이론

1. 인지적 구조

프랑크푸르트학파에 속한 학자들은 과학 이론과 비판 이론을 엄밀하게 구분한다.[1] 과학 이론과 비판 이론의 차이점은 세 가지 측면에서 논의할 수 있다.

첫째로, 이 두 이론은 그 목적과 목표를 달리한다. 그러므로 행위자가 이론을 사용하고 적용하는 방법이 다를 수밖에 없다. 과학 이론은 외부 세계의 성공적인 조작을 목적이나 목표로 삼는다. 달리 말하면 과학 이론은 '도구적 유용성'을 가지고 있다. 행위자들은 올바른 과학 이론을 가짐으로써 효과적으로 환경에 대처할 수 있다. 이렇게 함으로써 그들은 그들이 선택한 목적을 성공적으로 이룩할 수 있다. 비판 이론은 해방과 계몽을 목적으로 삼는다. 행위자들로 하여금 숨은 강제를 깨닫게 하고, 그렇게 함으로써 그들을 강제에서 벗어나게 하고, 그들의 진정한 관심이 어디에 있는가를 결정할 수 있는 자리에까지 올려 놓는다.

---

1) 하버마스는 가다머의 영향을 받아 세 번째 종류의 독립적인 '이론'으로 '해석'을 첨부하였다. 과학의 목적이 과학 이론을 발전시키는 것과 같이 철학의 목적은 텍스트의 '해석'을 제공하는 것이다(TW 155면 이하(T1 308면 이하)).

　둘째로 과학 이론과 비판 이론은 '논리적' 또는 '인지적' 구조에서 뚜렷한 차이점을 보여주고 있다. 과학 이론은 '객관화하는' 것이다. 객관화한다는 것은 적어도 전형적인 경우에 이론과 이론이 언급하는 '대상'은 명백히 구분됨을 의미한다. 이론 그 자체는 이론이 기술하는 대상 영역의 일부가 아니다. 뉴턴 이론 그 자체는 움직이는 미립자가 아니다. 과학 이론과 달리 비판 이론은 '반성적'이거나 '자기-지시적'이다. 비판 이론은 항상 그 자체가 그것이 기술하는 대상-영역의 일부이다. 비판 이론들은 그들 자신의 일부를 형성한다.

　끝으로 비판 이론과 과학 이론은 이론들이 인지적으로 받아들일 수 있는 것인가를 결정하는 증거를 채택하는 방식에서 차이점을 보이고 있다. 달리 말하면 이 두 이론은 서로 다른 확증을 요구하고 받아들인다. 과학 이론은 관찰과 실험을 통한 경험적인 확증을 요구한다. 비판 이론은 좀 복잡한 평가의 과정을 거쳐 살아남은 이론만을 인지적으로 받아들일 수 있는 이론으로 간주한다. 이러한 과정 중에서 가장 핵심적인 부분은 그 이론들을 '반성적으로 받아들일 만하다'는 것을 논증하는 것이다.

　지금부터 비판 이론은 고유한 목적 또는 효용, 고유한 인지적 구조, 고유한 확증의 방식을 가지고 있다는 주장에 포함되어 있는 내용을 명확하게 분석해 보기로 하자.

　어느 시대를 막론하고 모든 사회는 그 사회의 구성원들이 공유하고 있는 신념에 따라 그 특징이 규명될 수 있다. 그 사회의 구성원들은 그 사회의 구조, 관습, 현재 상태에 대한 신념을 나누어 가지게 된다. 사회가 이러한 상태를 개인적인 주체 안에 '반영'하거나 사회에 대한 '반성적 신념을 가지고 있는 개인적인 주체와 유비시켜 기술한다고 하더라도 문제될 것은 없다. 다만 이러한 유비는 사회의 다양한 구성원들 사이에 매우 다른 신념들이 분산되어 있어야만 성립한다. 사회 이론은 행위자들이 사회에 대해 가지고 있는 소박한 신념과 연속성을 가지고 있다. 모든 사회 이론은 어떤 행위자들이 사회에 대해 가지고 있는, 적어도 그 이론을 제안한 사회 이론가들이 사회에 대해 가지고 있는 일련의 신념이다. 따라서 사회 이론은 사회가 '그 사회를 반영하는' 한 가지 방식으로 기술될 수 있다.

사회적 관습과 풍습뿐만 아니라 행위자들이 그들의 사회에 대해서 품고 있는 신념을 탐구하는 일, 곧 가장 좁은 의미의 '사회적 실재'뿐만 아니라 사회적 실재의 부분인 '사회적 지식'을 탐구하는 일은 모든 사회 이론의 핵심적인 과제에 해당된다. 그런데 전면적인 사회 이론은 그것의 대상-영역의 일부를 형성한다. 즉 사회 이론은 무엇보다도 행위자들이 그들의 사회에 대해 가지고 있는 믿음에 관한 이론이다. 이론 그 자체가 그러한 믿음이다. 따라서 만일 사회 이론이 그 사회의 행위자들이 가지고 있는 신념을 철저하게 설명하는 것이라고 한다면, 사회 이론은 그러한 신념의 하나로서 이론 자체에 대한 설명도 해야만 한다.

사회 이론이 그 이론 자체의 '기원과 적용의 배경'을 드러내 놓고 설명한다면 그 사회 이론은 '반성적 인지 구조'를 가지고 있다고 할 수 있다.[2] 따라서 마르크스주의자의 사회 이론은 그 이론이 사회의 '외적인' 사회적 제도와 경제적 제도뿐만 아니라 사회 구성원들이 가지고 있는 주요한 신념을 함께 설명한다는 점에서 전면적인 사회 이론이다. 그리고 마르크스주의자의 사회 이론은 다음과 같은 점에서 분명히 반성적 인지 구조를 가지고 있다.

---

2) TP 9~10, 17(T4 1~2, 10); KK 392~393면.

(a) 마르크스주의자들의 사회 이론은 그 이론 자체의 발생과 기원에 대한 설명을 내포하고 있다. 달리 말하면 마르크스주의 사회 이론은 19세기 중엽 유럽 자본주의 사회가 마르크스주의 안에 들어있는 올바른 지식을 발전시킬 수 있었는가 하는 점을 설명하려고 한다. 마르크스주의는 마르크스주의가 발흥한 바로 그때 그곳에서 마르크스주의의 발흥이 어떻게 가능했는가를 설명하려고 한다.

(b) 마르크스주의자들의 사회 이론은 사회 구성원들에 의한 그 이론 자체의 사용과 적용을 '예기'하고 있다.

과학의 본질적인 특성으로 설명과 예측의 구조적인 동일성을 중시하는 입장에 익숙해 있는 우리들은 위의 (a), (b)를 잘못 해석할 수도 있다. 우리들은 위의 (a), (b)가 마르크스주의가 아주 넓은 설명력과 예측력을 가지고 있는 이론이라는 것을 의미하는 것으로 해석하고 싶은 경향도 가지고 있다. 마르크스주의는 (a)와 같이 그것 자체의 기원을 설명할 수 있고 그리고 (b)와 같이 사회의 구성원들(프롤레타리아)이 어떤 사회 변화를 일으키기 위해 이 이론을 사용하게 될 것이라는 것도 예측할 수도 있다. 이것으로 비판 이론과 과학 이론이 충분히 구별된다고 생각할 수도 있다. 비록 과학 이론이 일식과 같은 자연 사건을 예측하는 데 사용될 수 있고 행위자들이 이러한 이론을 사용하기로 결정하면 무엇이 일어날 것인가를 예측한다고 할지라도, 과학 이론이 일반적으로 행위자들이 그 이론을 사용하기로 결정할 것인가 아닌가를 예측하는 데 사용될 수는 없다.

그러나 그렇다 하더라도 '예기'가 하버마스에 있어서는 '예측'을 의미하지는 않는다. 이러한 사실은 벤야민의 '부르주아 예술'에 관한 태도와 마르쿠제의 그것과를 대비시키고 있는 하버마스의 벤야민에 대한 논문[3]에 명확하게 나타나 있다. 흔히 벤야민은 예술이 그것의 분위기를 잃어 가는 과정을 '기술했다'고 말한다. 반면에 마르쿠제는 동일한 과정을 '예기했다'라고 말한다. '예기'는 '요구(요청)'의 의미를 지닌 것으로 해석된다.[4] 마르쿠제는 '부르주아 예술'이 종식될 것이라는 예측을 하지는 않았다. 다만 그것의 종식이 합리성의 요구 또는 요청이라는 것을 보여주고자 했을 뿐이다.

그런데 비판 이론은 사회에 속한 행위자들이 그들 스스로를 이해하고 그들의 사회를 바꾸기 위해서 그 이론을 채택하고 사용할 것이라고 하는 것을 예측하지 않고 오히려 비판 이론은 그들이 비판 이론을 채택하는 것을 '요구'한다. 달리 말하면 비판 이론은 행위자들이 비판 이론을 채택해야만 하고 그것에 준하여 행동해야만 한다고 주장한다. 여기서 '해야 함'은 합리성의 '해야 함'이다. 사회의 행위자들이 비판 이론을 채택하는 것이 그들에게 합리적이라는 관점에서 본다면 그들이 비판 이론을 채택하게 될 것이라는 예측은 이끌어 낼 수 없다.[5]

과학 이론은 그것의 사용을 위와 같이 특수한 의미를 지니고 있는 '예기'의 뜻으로 '예기'하는 것은 아니다. 행위자가 과학 이론을 사용하는 것이 합리적이라 할지라도 과학 이론은 그것의 사용 결과에 대한 주장을 자기자신 안에 포함하고 있지 않다. 어떤 과학 이론도 행위자들이 그 이론을 사용하기 위해 그 이론을 채택해

---

3) 'Bewußtmachende oder rettende Kritik - Die Aktualität Walter Benjamins' in KK 302면 이하.
4) KK 309, 312면.
5) 비록 비판 이론이 일반적으로 이러한 형태의 예측을 할 수 있도록 해주는 경험적 사회 이론을 자신의 일부분으로 포함하고 있거나 포함할 수 있다고 할지라도, 이러한 종류의 예측에 의해서 전체 이론이 하나의 비판 이론이 되는 것은 아니다.

야 한다는 것을 스스로 언급하지는 않는다. 더욱이 프랑크푸르트 학파의 구성원들은 과학 이론이 항상 원리적으로는 효과적인 인간 행위의 길잡이 구실을 할 수 있는 기술로 전환 가능하다는 것을 가정하고 있지만, 그들은 주어진 과학 기술을 채택하는 것은 행위 자에게 조건부로 합리적인 것에 지나지 않는다고 생각한다.[6] 기술 은 행위자에게 어떤 특수한 사태를 야기할 수 있는 수단을 제공한 다. 만일 내가 이러한 유형의 사태에 관심이 있다면, 기술을 이용 하는 것은 나에게 합리적이다. 그러나 내가 그런 관심을 전혀 갖 지 않을 수도 있고 더구나 기술이 근거를 두고 있는 과학 이론에 는 내가 이러한 관심을 가져야만 한다거나 또는 이러한 관심을 내 가 갖는 것이 합리적이라는 것을 주장할 수 있는 어떠한 요소도 포함되어 있지 않다. 만일 기술이 나의 관심과는 무관한 어떤 것 을 다룬다고 한다면 그 기술을 채택하는 것은 나에게 합리적이 아 니다. 그리고 기술이 근거를 두고 있는 과학 이론은 나에게 무관 한 것이 된다.

반면에 비판 이론은 당연히 그것이 어느 집단의 행위자들에게 도 무관한 것이 아니라고 주장한다. 비판 이론은 단지 만일 행위자 들이 어떤 관심을 가지고 있다면 행동하는 것이 행위자들에게 어 떻게 합리적일 수 있는지에 관한 정보를 제공하는 것이 아니라, 어떠한 관심을 갖는 것이 그들에게 합리적인가를 알려주어야 한다 는 주장을 한다.

성공적인 비판 이론의 효과는 해방과 계몽을 성취하는 것이다. 좀더 정확하게 말한다면 비판 이론은 해방과 계몽의 성공적인 과 정에 대한 자기 의식을 고유한 목적으로 삼고 있다.[7] 비판 이론은 이러한 과정에 대한 '자기-의식'이어야 한다는 애매한 말은 잠시

---

6) N2 400, TP 26~27(T4 19~20면).

7) WL 7, 9(T6 9, 11); PS 191, 261(T3 162, 221면) 참조.

제쳐두고 '해방과 계몽'이 무엇을 의미하는가를 살펴보기로 하자. 우리들은 여러 책에서 '해방과 계몽'은 초기 상태에서 최종적인 상태로의 사회적 전환을 지칭한다는 것을 알 수 있다. 그런데 이때 초기 상태와 최종적인 상태는 다음과 같은 성질을 지니고 있다.

(a) 초기 상태는 허위 의식과 오류 그리고 '부자유스러운 존재' 상태이다.[8]

(b) 초기 상태에서 허위 의식과 부자유스러운 존재는 본래적으로 서로 결합되어 있다. 따라는 행위자는 동시에 다른 것으로부터 자유롭게 될 때, 그는 하나로부터 자유롭게 될 수 있다.[9]

(c) 초기 상태에서 행위자가 고통을 받게 되는 '부자유스러운 존재'는 스스로 짊어진 강제의 형태이다. 행위자의 허위 의식은 일종의 자기-기만이다.[10]

(d) 초기 단계에서 행위자가 고통을 받게 되는 강제는 오직 행위자가 그것을 스스로 짊어졌다는 사실을 깨닫지 못한 때만이 '힘'[11]과 '객관성'[12]을 유지할 수 있다.

(e) 최종적인 상태는 행위자가 허위 의식으로부터 자유롭게 된 상태이다. 곧 그들은 계몽되었다. 그리고 최종적인 상태는 자기가 스스로 짊어진 강제로부터 벗어난 상태이다. 곧 그들은 해방되었다.

위와 같은 설명에 이어 우선 좀더 자세하게 멍에의 초기 단계와

---

8) EI 256, 348~349(T1 208, 286~287), TP 16~17(T4 9~10면).

9) TP 315(T4 262), EI 362~363(T1 298~299면).

10) N2 412, 400면 이하.

11) EL 348(T1 286면).

12) TP 307(T4 253~254면).

116

기반을 살펴보자. 그리고 행위자가 계몽되고 해방되는 과정을 살펴보기로 하자.

어느 정도 조직적으로 복잡한 상태에 도달한 사회는—확실히 모든 사회는 '국가'로 조직된다—집단 행위에 관한 결정에 도달하기 위해서 제도적인 메커니즘을 가지고 있다. 건강하고 모든 것이 제대로 움직이는 사회에 사는 사람들은 그들이 사회적 결정이 정당하다고 믿는 경우에는[13] 비록 그것이 명백히 그들의 직접적인 욕망이나 선호를 저지한다고 할지라도 그 결정을 받아들인다.[14] 행위자들은 다음과 같은 경우에 한하여 개인적인 결정을 타당한 것으로 받아들인다.

(a) 개인적인 결정이 '공식으로' 또는 '절차상으로' 옳다고 가정하는 경우. 곧 기본적인 의사 결정이 그들이 숙지하고 있는 방식을 따라 이루어질 경우, 그들이 인정한 절차의 규칙을 따라 이러한 결정을 내리게 된다.
(b) 그들이 기본적인 의사 결정의 제도들(그리고 그것에 작용하는 규칙들)이 정당하다고 가정하는 경우.[15]

사회의 구성원들이 기본적인 사회제도를 정당한 것으로 받아들인다는 것은 사회제도가 그들이 모두 인정하고 있는 '규범'의 체계를 '따르고 있다'는 것을 의미한다. 행위자들은 규범의 체계가

13) 일반적으로 행위자가 결정을 '받아들인다'고 말할 때 그것이 의미하는 것이 무엇인가? 그들이 승리의 찬가를 노래하면서 Ekklesia에서 행진하여 나오는 것을 의미하는가? 그들의 묵인이나 단지 소극적인 저항의 수준이 정상적인 정부의 작동이 (국가의 감시인 없이도) 계속될 수 있는 정도라는 의미인가?
14) TG 120, 244, 247면: 특히 TG 244면에 나오는 'auch gegen das Interesse der Betroffenen'라는 구절을 참고하시오.
15) TG 265면 이하.

정당성을 부여할 수 있다고 생각한다. 왜냐하면 그들은 일반적인 신념(규범적인 신념이나 다른 종류의 신념)을 승인하고 있기 때문이다. 그런데 이러한 신념들은 대부분의 사회구성원들이 가지고 있는 세계상을 구성하게 된다. 따라서 사회제도가 그 사회 집단의 구성원들의 세계상과 적절한 유기적 관계를 가지게 되면 그 사회제도는 정당한 것으로 간주된다. 어떤 사회제도나 관습은 극단적으로 억압적일 수 있다. 그것이 행위자들의 다양하고 강한 욕망의 추구를 방해하고 좌절시킬 수 있다. 그럼에도 불구하고 그들이 그것을 정당하다고 생각하기 때문에 사회제도나 관습이 사회 구성원들에 의해 여전히 받아들여진다. 그리고 그들은 어떤 규범적인 신념이 그들의 세계상에 깊게 잠겨 있기 때문에 사회제도나 관습의 정당성을 인정한다.

어떤 집단의 세계상이 이데올로기적으로 거짓이고 지극히 억압적인 기본적인 사회제도를 정당화시키는 데 사용되고 있다고 가정해 보자. 더 나아가서 행위자들이 이 같은 이데올로기적으로 거짓인 세계상을 신봉하는 이유가 그들이 이와 같이 특별한 강제적인 사회제도를 가지고 있는 사회 속에 살고 있기 때문이라고 가정해 보자. 만일 기본적인 사회제도가 매우 강제적이라고 한다면 이러한 현상에서 도출될 수 있는 결과 중에 하나는 그 사회의 의사 소통의 구조가 '왜곡'되어 있다는 것이다. 그 사회의 기본적인 의사소통의 구조가 왜곡되어 있다면 그러한 세계상은 자유로운 토론을 가능하게 하지 못한다. 따라서 비판을 면할 수 있다.[16]

이러한 상황에서는 위에서 말한 조건[17] (a), (b)가 충족될 수 있다. 행위자는 허위 의식으로부터 고통을 받는다. 그들의 세계상은 이데올로기적으로 거짓이다. 그들의 현 상태는 자유스럽지 못하다.

---

16) LS 34(T2 19), TG 258~259, 246~247, TP 19(T4 11~12면).
17) 이 책, 100면 참조.

그들의 기본적인 사회제도는 극단적으로 강제적이다. 더욱이 허위 의식과 '부자유스러운 현 상태'와는 필연적인 관련을 가지게 된다. 곧 행위자들은 허위 의식으로부터 벗어날 수 없는 한, '부자유스러운 현 상태'에서 벗어날 수 없는 한 허위 의식으로부터 벗어날 수 없다. 그들은 강제적인 사회제도에서 벗어날 수 없다. 그리고 그들의 기본적인 강제적 사회제도가 자유로운 토론과 비판을 금지하는 한 이데올로기적인 세계상을 없앨 수 없다.

행위자들이 고통을 받고 있는 '부자유스러운 현 상태'가 어떤 의미에서 '행위자 스스로 짊어진' 강제인가 하는 것은 쉽게 알 수 있다. 사회제도는 자연 현상이 아니다. 사회 현상은 스스로 그리고 저절로 존재하지 않는다. 사회의 행위자들은 강제적인 제도에 참여하여, 저항하지 않고 그 제도를 받아들임으로써 그것을 그들 자신에게 부과한다. 단순히 명백히 '자유스러운' 방식으로 그들의 세계상의 명령에 따라 행위함으로써, 행위자들은 강제적인 관계를 존속시킨다.

행위자들이 그들의 허위 의식과 그들의 이데올로기적인 세계상을 유지하는 한, 그 사회의 행위자들은 그들 자신을 기만하고 있는 것이다. 이데올로기적 오류는 행위자가 우연한 계기(부주의로 오랫동안 상황을 제대로 파악하지 못할 때 범하게 되는 오류와 같이)로 범하게 되는 그러한 잘못은 아니다. 뿐만 아니라 이데올로기적인 오류는 다른 어떤 사람이 (의식적으로) 그 행위자를 속였기 때문에 범하게 되는 그러한 오류도 아니다. (성직자들은 공모를 하지도 않았고, 그것을 우리들이 받아들이도록 하지도 못했다) 행위자들은 행위함으로써 그들의 기본적인 사회제도를 '만들어낸다.' 그리고 이것이 세계상을 존속시키는 사회적 제도의 평상적인 운용이다. 세계상 속에 들어 있는 '환상'은 행위자 스스로가 세계상에 반작용함으로써 생긴 행위의 결과이다.

일단 행위자가 이러한 처지에 빠지게 되면 그들이 어떻게 하여 여기에서 벗어날 수 있는가? 어떤 의미에서 그들의 세계상이 이데올로기적으로 거짓이며, 어떻게 자기-재생산적인 굴레의 초기 단계에서 계몽과 해방의 최종적인 단계로 전이가 일어날 수 있을까?

이 물음에 대한 통상적인 대답은 행위자들이 비판 이론에 따라 계몽되고 해방된다는 것이다. 비판 이론은 행위자가 자기-반성을 하도록 한다. 곧 반성하게 함으로써 그들의 의식 형태가 이데올로기적으로 허위이고 그들의 고통의 원인이 되는 강제가 스스로 짊어진 것이라는 사실을 깨닫게 한다. 위에서 말한 (d)에 의해 행위자들이 일단 이러한 사실을 깨닫게 되면 강제는 그것의 '힘'과 '객관성'을 잃게 되고 행위자들은 해방된다.[18]

이 같은 '자기-반성'이란 무엇인가? 자기 반성은 무엇을 하는 것인가? 어떻게 자기 반성이 일어날 수 있는가? 우리들은 하버마스의 여러 저술에서 '자기 반성'에 관한 세 가지 종류의 언명을 찾아낼 수 있다.

1. 자기-반성은 a) '자기-산출적인 객관성'과 b) '객관적 환상'을 '해소'한다.[19]
2. 자기-반성은 주체로 하여금 자기 자신의 기원과 발생을 깨닫게 한다[20]
3. 자기-반성은 제 정신을 들게 함으로써 무의식적인 행동이나 의식의 결정 요인을 작용하게 한다.[21]

---

18) 이 책, 114면 참조.
19) N2 400~401, 412~413, EI 362~363(T1 298~299), TG 246~247면. '객관적 환상'이라는 개념에 대해서는 이 책, 134면 이하 참조.
20) TG 230~231, EI 27, 29~30, 317면 등 (T1 17~18, 19, 260면).
21) N2 412~413, TP 29(T4 22~23면).

따라서 비판 이론은 행위자들로 하여금 그들이 그러한 의식 형태의 무의식적인 결정 요인을 알게 함으로써 그들의 의식 형태가 이데올로기적으로 거짓이라는 것을 깨닫게 하는 것으로 보인다. 그런데 이것이 왜 행위자들이 그들이 이데올로기적인 기만으로 고통받고 있다는 것을 알게 하는 데 충분한가? 행위자들은 일반적으로 그들이 지금까지 모르고 있던 요소에 의해 '결정되어 왔다'는 것을 알게 될 때, 그들의 신념이 허위라고 생각하게 된다.

다음과 같이 인식 주체의 모습을 살펴보자. 인간은 단지 신념을 갖거나 얻는 것만이 아니라 그들 자신의 신념을 비판하고 평가한다. 모든 행위자들은 인식론 원리를 가지고 있다. 예를 들면 적어도 어떤 종류의 신념은 받아들이고 어떤 종류의 신념은 받아들이지 않을 것인가, 어떻게 신념이 받아들여지고, 안 받아들여지는가를 보일 수 있는가에 대한 이차적인 기본적 신념을 갖게 된다. 행위자들은 그들의 인식적 원리를 그 집단의 다른 구성원들과 공유하고 있다. 그리고 행위자들이 필요와 관심을 형성하기에 좋은 조건과 나쁜 조건이 무엇인가를 결정할 수 있는 것과 같이 그들이 역시 여러 가지 종류의 신념을 형성하고 획득하기에 좋은 조건과 나쁜 조건이 무엇인가를 결정할 수 있다면, 우리들은 그것을 행위자의 인식적 원리에 속한 것으로 간주하려고 할 것이다.

특히 행위자들은 특별한 종류의 신념을 형성할 수 있는 어떤 조건이 가능성이 없을 뿐만 아니라 적극적인 의미에서 해로우며, 따라서 특히 오직 이러한 좋지 못한 조건 아래서만 받아들여져온 신념은 사실상 받아들일 수 없다고 생각할 수도 있다.

그런데 마음에 이러한 그림을 가지면, 만일 그들이 그 신념을 포기하고, 그들이 그 신념을 획득할 수 있었던 조건에 대한 정보를 가지고 그 신념에 대해 반성한다면, 우리는 그 신념이 행위자 집단에게 '반성적으로 받아들여질 만하다'고 할 수 있다. 그 사회에서 정당성의 원천 구실을 하고 있는 그러한 신념을 평가할 수 있는 조건을 가진 일련의 인식적 원리를 가진 사회의 행위자의 경우를 상정해 보자. 신념의 정당화는 사회 구성원 모두가 참여한 강제되지 않은 자유로운 토론을 통해 행위자들이 그 신념을 획득한 경우에만 승인될 수 있다.[22]

만일 행위자들이 이와 같은 기준을 정할 수 있는 인식론을 가지고 있다면, 이데올로기를 비판할 수 있다. 그들의 세계상은 사회의 정당성의 궁극적인 원천이다. 그 세계상이 자유로운 토론을 거치게 되면 받아들일 수 없게 된다. 그러나 행위자들은 그들의 강제적인 사회제도가 세계상에 대한 자유로운 토론을 금지하기 때문에 그 세계상을 계속해서 유지하게 된다. 이데올로기 비판은 행위자들이 그 세계상을 반성적으로 받아들일 수 없다는 것을 그들에게 보여줌으로써 그 세계상이 허위 의식임을 그들에게 알려준다. 달리 말하면 강제적인 조건에서 그들의 세계상을 얻게 되었다는 것을 보여줌으로써 그 세계상이 허위 의식이라는 것을 그들에게 알려준다.

이러한 논의에서 인식적 원리라는 개념이 중요성을 띠게 되는 것은 당연한 일이다. 우리들은 어떻게 암암리에 주장되는 인식적 원리를 알 수 있는가? 우리가 그것을 올바르게 기술했다는 것을 어떻게 알 수 있는가? (이것은 있을 것 같지 않다.) 행위자들이 사용하는 인식적 원리는 인간 집단에 따라, 시대에 따라 변하는가? 아니면 모든 인식적 원리에는 어떤 불변적이고 보편적인 요소가 포함되어 있는가? 역사적으로 주어진 인식적 원리를 비교하거나 평가하는 것은 무의미한 일인가? 아니면 어떤 인식적 원리가 다른 인식적 원리보다 '더 좋다'라고 판단을 내릴 수 있는 기준이 있을

22) LS 125, 148면 참조.

수 있는가? 이러한 문제에 있어서 신념을 평가하고 받아들이거나 거부하는 데 사용될 수 있는 어떤 원리가 인식적 원리로 간주될 수 있는가? 무슨 권리로 어떤 사회의 신념을 정당화하고 평가하는 원리가 인식적 원리라고 주장하는가?

위에서 제기한 문제에 대한 해답은 이데올로기 비판과 비판 이론의 지위와 폭넓은 관련을 가지게 될 것이다. 행위자의 인식적 원리는 비판적 작업에 대해서 매우 중요한 의미를 지니고 있다. 비판 이론은 행위자들의 인식적 원리가 주어지면 그들에게 의식의 형태나 세계상이 반성적으로 받아들여질 수 없다는 것을 보임으로써 그것이 허위라는 것을 알려줄 수 있다.

비판 이론의 지지자들은 반성과 인식적 원리의 지위에 대해 매우 상이한 두 가지 입장을 취하고 있다. 이 두 가지 입장 중의 하나는 아도르노와 관련이 있다.[23] 아도르노는 반성 일반과 특히 이데올로기 비판에 대한 문맥주의자와 역사주의자의 접근 방식을 가장 끈질기게 옹호해 왔다. 행위자의 인식적 원리와 그들의 반성적인 수용에 대한 기준은 역사적으로 변한다. 우리들의 반성적인 수용의 기준과 사회와 이데올로기를 비판할 수 있는 근거가 되는 사회적 문화적 이상은 우리들의 전통의 일부에 불과하기 때문에 절대적인 근거를 가질 수도 없고 선험적으로 정당화될 수 있는 성질의 것도 아니다. 아도르노에 의하면 우리들은 우리들이 역사적으로 문화적으로 존재하게 된 바로 그곳에서 출발해야 하며, 역사적으로 독특한 '이상적인 삶'에 대한 어떤 계획을 실현하려고 할 때 행위자들이 경험하게 되는 좌절과 고통에서 출발해야 한다. 이 같은 탐구에서 우리가 제시한 비판 이론은 아주 미묘한 역사적 성격을 지니고 있다. 이 역사적인 성격은 효과적이고 '참'이긴 하지만

---

23) 아도르노에 대한 하버마스의 논문 참고.

어떤 절대적인 지위를 주장할 수 없다. 그것은 특별한 역사적 상황과 관련해서만 효과적이고 '참'일 뿐이며, 쉽게 무너질 수밖에 없다.

이러한 아도르노의 문맥주의적 입장은 매우 강력히 주장된 비판 이론은 어떤 일정한 집단을 "향하고 있으며", "전해지고 있으며" 그리고 특수한 방법으로 그들이 자기-지식을 획득할 수 있도록 도와야 한다는 입장과 잘 조화한다.[24] 비판 이론은 행위자들이 이미 사용하고 있는 (아마 그들 자신도 충분히 알지 못하면서 사용하고 있는) 인식적 원리를 그들이 깨달을 수 있도록 명확하게 함으로써, 인식적 원리가 그들의 다른 신념과 맺고 있는 관련을 알게 하여 집단의 구성원들이 자기-지식을 갖도록 도와준다. 바꾸어 말하면 비판 이론은 행위자들이 일반적이고 영속적으로 암암리에 받아들이고 있는 합리성의 기준을 그들의 전체적인 신념 체계에 적용시킨다면 어떤 변화가 일어날 것인가를 알려준다. 비판 이론은 이같이 특정 사회 집단의 구성원들에게 전해진다. 왜냐하면 비판 이론은 그들의 인식적 원리와 '좋은 삶'에 대한 이념을 기술하기 때문이며, 그리고 그들이 가지고 있는 신념이 그의 인식적 원리를 주장하는 행위자에게는 반성적으로 받아들일 수 없는 것이며, 이와 같은 특별한 '좋은 삶'을 실현하려고 노력하는 행위자에게는 좌절의 근원이 된다는 것을 논증해 보여주기 때문이다. 따라서 일반적으로 비판 이론은 위와 같은 행위자들에게 그들이 합리적이고 만족스러운 삶의 이상을 획득하기 위해서 그들의 신념을 어떻게 수정해야 하는가를 자세하게 알려준다.

나는 프랑크푸르트학파의 구성원들 중에서 찾아질 수 있는 반성에 대한 두 입장 중에서 두 번째 것을 후기 하버마스와 관련하

---

24) TP 9~10, 29~30, 37~38(T4 1~2, 22~23, 32면).

124

여 고찰하고자 한다. 초기의 하버마스의 논문은 아도르노를 따르고 있고 또 반성에 대한 문맥주의자들의 입장을 취하고 있다. 그러다가 1960년대 중반에 이르러 상대주의의 유령에 놀라 일종의 선험주의로 물러섰다.[25] 전반적으로 비판적인 작업이 의거하고 있는 가정은 비판 이론을 전달받아야 할 행위자가 이데올로기적으로 기만당하고 있다는 것이다. 그들을 이러한 허위 의식으로부터 벗어나게 할 수 있는 방법은 그들로 하여금 그들의 의식 형태의 본질적인 부분이 반성적으로 받아들일 수 없는 것이라는 사실을 깨닫게 하는 것이다. 반성적 수용 불가능에 대한 논의는 행위자의 인식적 원리의 설득력에 달려 있다. 그러나 만일 행위자의 인식적 원리 자체가 그들의 전통적인 의식의 일부라 한다면 우리들은 어떻게 인식적 원리 자체가 '이데올로기적으로 왜곡되지 않았다'는 것을 알 수 있는가?[26] 행위자의 허위 의식의 정도가 깊으면 깊을수록 그들은 해방을 더욱더 절실히 필요로 하지만 그들의 인식적 원리는 해결의 일부가 아니라, 문제의 일부가 될 가능성이 높아진다. 그리하여 하버마스에 따르면 행위자가 의식의 일부를 강제적인 조건 아래서 받아들인 것이라면 그것은 반성적으로 수용할 수 없다. 그러나 만일 그들이 살고 있는 그 사회가 극단적으로 강제

---

25) 하버마스의 초기 입장에 대해서는 TP 303~304면과 하버마스가 중요 텍스트에서 행한 주장을 포기하고 있는 2판에 첨부되어 있는 노트 25, 306면 참고〔이 논문은 영어번역인 T4에는 포함되어 있지 않다〕. 하버마스가 '비판'은 정의될 수 없다고 PS 254(T3 214~215면)에서 주장하고 있을 때, 나는 이것을 맥락주의의 징후로 해석한다. 그가 후기 선험주의자적인 분위기에서 전개하고 있는 '이상적 담화 상황'에 대한 이론은 정확하게 '비판'을 정의하려는 시도이다. 이러한 맥락에서 가장 유일한 중요한 문서는 하버마스의 아도르노에 대한 논문인 '주관성과 조야한 자기 옹호의 태고사'이다. 184면 이하 참고.
26) H. Pilot는 그의 PS 307면 이하(T3 258면 이하)에 들어있는 논문 '위르겐 하버마스의 경험적으로 반증가능한 역사철학'에서 하버마스의 초기 입장을 반박하면서 이러한 고찰을 하였다.

적이고 그들의 의식의 대부분이 매우 왜곡되었다면, 우리들은 왜 무엇을 '강제의 조건'으로 간주해야 하는가에 대한 그들의 신념이 이데올로기적 왜곡으로부터 면역된 채로 남아야 한다고 가정해야 하는가? 만일 행위자가 무엇을 강제로 간주해야 하며, 무엇을 자유와 자율로 간주해야 하는가에 대하여 근본적으로 잘못된 입장을 가지고 있다면, 오직 그들이 강제로 간주한 것 아래서 얻을 수 있었던 그들의 의식 형태 모두를 내던지는 것은 더 깊은 기만 속으로 그들을 밀어 넣는 것이 될 것이다.

만일 바로 앞 절의 논의에 대한 문맥주의자들의 반응에 문제가 있다면, 그것은 생활에 수반되는 문제이지 비판 이론에 수반하는 문제는 아니다. 비판 이론은 '내적인 비판'의 원리에 관련되어 있다. 비판 이론은 행위자의 자기 인식에만 기여하기로 되어 있기 때문에 비판 이론의 지지자들은 원리적으로 그 비판 이론을 전달받는 행위자들의 자기 비판의 일부가 될 수 있는 것은 '타당한 비판'으로 인정한다. 만일 비판 이론의 지지자가 일단의 행위자가 계몽되고 해방되는 것을 원한다면 그들은 경험을 통해서 해방과 계몽의 수단으로 이 행위자들의 의식의 형태와 신념을 찾아내야 한다. 만일 우리들이 고통과 좌절에 대한 적합한 경험과 행위자들의 삶과 의식의 형태에서 반성적 수용의 적합한 원리를 찾아낼 수 없다면, 이데올로기 비판은 시작되지 못할 뿐만 아니라 행위자들이 '기만당했다'고 말할 권리도 갖지 못한다. 우리들은 전적으로 그들의 생활 양식에 대해 혐오감을 가질 수도 있지만 그러나 그들 또는 우리가 기만당해 왔다는 것이 궁극적으로 밝혀진다거나 그들이나 우리들의 입장에서 이데올로기를 비판할 수 있는 여지가 남게 될 것이라는 것에 대한 선험적이거나 선천적인 보장을 받지는 못한다.

하버마스는 이 같은 문맥주의자들의 입장을 받아들이지 않는다.

그는 행위자들이, 강제적인 조건 아래서 얻게 된 그들의 의식의 형태 가운데서 반성적으로 받아들일 수 없는 부분을 찾아낸다는 것에 대해서 모든 행위자들이 동의해야만 한다는 결론에 대해 선험적인 논증 같은 것을 줄 수 있다고 생각한다. 나아가서 그는 모든 행위자들이 어떤 조건이 강제적인가 하는 문제에 대하여 동일한 견해를 지니는 암묵적 언약을 가지고 있다고 생각한다.

하버마스는 언어-사용과 그것의 선행 조건에 관한 개념을 '선험적 논증'의 출발점으로 삼았다. 그는 인간의 특성을 적어도 잠재적으로 언어 사회에 참여한다는 것에서 찾고 있다.[27] 어떤 것을 우리가 인간적인 행위자로 인정할 수 있는 이유는 그가 적어도 잠재적으로 우리들의 언어 사회에 참여하기 때문이다. 그러나 어떤 일반적인 사용 방식에 있어서 참된 언명과 거짓된 언명의 차이점을 깨닫지 못하는 사람이나 어떤 언명이 참이라고 하는 것이 무엇을 의미하는가를 알지 못하는 사람은 잠재적으로도 그 언어 사회의 구성원이 될 수 없다.[28] 그런데 한 언명이 참이라는 말이 의미하는 바는 무한정한 시간에 강제되지 않은 절대적으로 자유로운 상황에서 인간의 모든 경험에 대해서 행위자들이 토론을 하게 되면 모든 사람들이 그 언명에 동의하게 된다는 것이다. 따라서 우리가 인간적인 행위자로 인정하는 것이면 그는 어떤 조건을 '강제 없는 자유로운 토론'의 조건으로 인정해야 할 것인가에 대해서 우리들과 동일한 입장을 취하게 된다. 그러므로 어떠한 방식으로든지 무엇이 자유의 조건이며 무엇이 강제의 조건인가에 대해서도 우리들과 같은 입장을 견지해야 한다. 하버마스는 완전히 자유롭고 평등한 행위자들 사이에서 절대적으로 강제되지 않고 제한 없는 토론이

---

27) TG 101면 이하는 그의 이론 가운데 이 부분에 대해서 명백하게 설명하고 있다.
28) TG 113~114, 135면.

가능한 상황을 지칭하는 개념으로 '이상적 담화 상황(ideal speech situation)'이라는 용어를 사용한다.[29]

하버마스에 있어서 '이상적인 담화 상황'은 진리와 자유와 합리성의 선험적 기준의 역할을 한다.[30] 행위자들이 이상적인 담화 상황에서 동의한 신념이 사실상 '참된 신념'이며, 그들이 이상적인 담화 상황에서 동의한 욕망이 '합리적인 욕망'이며, 그들이 이상적인 담화 상황에서 동의하게 되는 관심이 '참된 관심'이다. 만일 행위자들의 실제적인 상황이 '이상적 담화 상황'을 만족시키는 상황이라면 행위자들은 자유롭다.

하버마스는 모든 행위자들은 그들이 수행하는 온갖 행동에 있어서 (특별히 모든 언어 행동에서) '이상적인 담화 상황'을 가정해야만 하거나 또는 '이상적인 담화 상황을 반사실적으로 가정'해야만 한다. 말하자면 그들은 비록 그들이 현재 '이상적'이고, 과거에도 이상적이었다는 것을 알 수 없고, 일반적으로 그렇지 않다는 것을 믿을 만한 이유를 가지고 있을지라도 그들의 현재 상황이 '이상적'인 것처럼 행위해야 한다.[31] 하버마스가 사용하고 있는 전문적인 특수 용어에 따르면, 행위자들은 그들이 행위할 때마다, 곧 (명제에 대한) 진리와 (규범에 대한) '도덕적' 승인가능성의 기준으로 이상적 담화 상황에서 승인가능성을 사용하여 행위할 때마다, 행위자들은 이상적 담화 상황에 '참여한다'고 말할 수 있다. 특히 이것은 행위가 이상적인 담화 상황에서는 자유롭게 합의할 수 없는 규범에 기초할 수 있다는 것을 보여주는, 그들의 행위에 대한 모든 형태의 비판을 타당한 비판으로 행위자들이 받아들이고 있다는 것을 의미한다.

---

29) WT 252면 이하, TG 135면 이하.
30) TG 139, 224면.
31) TG 122, 128, 136, 140; WT 258~259면.

행위자들은 만일 그들이 이상적인 담화 상황이 무엇인가를 알지 못했고, 이러한 이상적 담화 상황이 어떠한 모습을 가지고 있었는가에 대해서 전혀 말할 수 없었다면, 그들은 명백히 이상적 담화 상황에서의 수용 가능성을 진리의 기준으로 사용할 수 없다. 따라서 모든 행위자는 이상적 담화 상황을 구성할 수 있는 선천적인 능력을 가져야만 한다. 달리 말하면 타당한 조건과 지침, 암시가 주어지면 모든 행위자들은 이상적 담화 상황의 모습을 인식할 수 있을 것이다.

한 행위자가 '참'과 '거짓'을 구별할 수 있으면 그를 인간적인 행위자라고 할 수 있을지라도 이러한 사실로부터 한 인간적인 행위자가 하버마스의 '진리 합의 이론'을 주장해야 한다는 것은 유도되지 않는다. 여기서 말하는 '진리 합의 이론'의 의미는, 진리는 이상적인 담화 상황에서의 합의라고 보는 입장을 말한다. 왕조 이전의 이집트인들과 19세기의 프랑스 농노와 20세기 초반의 야노마뢰 부족들에게 만일 그들의 행동이 이상적인 담화 상황에서 보편적인 합의에 따라 성립된 규범에 근거하고 있을 때만이 그들의 행동을 옳은 것으로 간주해야 한다는 주장을 적용하기란 매우 어려운 일처럼 보인다. 사회 제도는 그 제도의 영향을 받는 사람들의 자유로운 동의에 근거해야 한다는 개념은 최근 서구 문화의 산물이며 지금은 널리 받아들여지고 있다. 어떤 행위나 신념이 이상적인 조건 아래서 보편적인 합의의 대상이 될 때 그 행위는 도덕적으로 받아들여질 수 있으며, 그 신념이 참이라는 주장은 독일과 미국의 일단의 전문적인 철학자들에 의해 최근에 제시되었다. 여기에서 촘스키의 이론에 호소하는 것은 나에게는 잘못인 것처럼 보인다.[32] 언어의 화자가 모두 그 언어의 올바른 생성 문법을 알

---

32) TG 101면.

수 있거나 정식화시킬 수 있는 것은 아니다. 오히려 생성 문법의 규칙에 대한 지식이 행위자의 문법성의 관습을 설명하기 위해 제시된다. 만일 문법이 어떤 언술을 문법에 맞는 것으로 행위자들이 받아들이고 어떤 언명을 문법에 맞지 않는 것으로 간주하여 받아들이지 않을 것인가 하는 것을 올바로 예측할 수 있다면 이 같은 문법의 지식을 행위자에게 귀속시킬 수 있는 근거를 우리들은 가지고 있다. 중요한 점은 왕조 이전의 이집트인들이 '진리 합의 이론'을 정식화시킬 수 없었다고 하는 것이 아니라, 그들이 이상적인 조건 아래서 보편적인 합의에 따른 사회제도만을 오직 정당한 것으로 받아들이려고 하는 경향을 가지고 있었다고 우리가 생각해야 할 이유가 없다는 것이다. 더욱이 우리와 그들이 무엇을 강제로 생각하고 무엇을 자유로 생각하는 것이 실제로 가능한 일인가? 하버마스는 일련의 비사실적인 선험적 영역을 주려고 하는 것처럼 보인다.

물론, 문맥주의적 관점에서 하버마스를 비판하는 사람들은, 그들이 선험주의자들의 토대를 거부하기만 하면, 마음대로 실증적 분석 전체를 받아들일 수 있다. 확실히, 우리는 토론이 완전히 자유로운 상태에서 우리의 실제 이익을 형성할 수 있다. 또한 우리는 강제 상태에서 획득한 신념은 모두 거부할 수 있다. 그러나 그 신념은 우리 자신과 우리의 의식 형태에 대한 사실이고, 우리의 특정한 역사와 전통의 복잡한 결과이지 선험적인 입장은 아니다.

하버마스가 사회적 정당성의 형태의 역사에 관해서 때때로 언급하는 것을 보면 그는 이러한 문제점을 어느 정도 알고 있는 것 같다.[33] 그는 역사 단계를 몇 가지로 구분한다.

---

33) 특히 ZR 329~330면 참고.

(a) 행위자들이 그들의 사회적 세계나 제도를 설화적으로 설명하기 위해 특수한 신화를 사용하는 고대적 단계.[34]

(b) 행위자들이 그들의 사회적 제도를 정당화하기 위해 실제 세계 전반에 대한 통일된 신화적, 종교적 또는 형이상학적 세계상이나 견해를 사용하는 '전통적' 단계. 이 같은 세계상에 대해서 문제를 제기하지도 않으며 타당성의 근거로서 세계상 자체의 타당성을 논증할 필요도 없다.[35]

(c) '좁은 의미의 이데올로기'의 출현으로 특징지어지는 '근대적' 단계. 이러한 이데올로기는 과학적인 것으로 주장된다. 곧 이데올로기 자체에 대해 완전히 논증적인 설명을 할 수 있는 것처럼 주장하며, 보편적인 규범과 원리, 보편화할 수 있는 관심, '좋은 삶'에 대한 해석에 호소함으로써 사회 질서는 정당화된다.[36]

(d) 사회적 정당화에 대한 '탈이데올로기적' 형태(로 지칭될 수 있는 단계). 이 단계에서는 사회적 질서를 그것의 기술적인 유용성에 전적으로 의거함으로써 정당화시키고 도덕적 원리나 규범 또는 '이데올로기적'(경멸적 의미에서의)인 '좋은 삶'에의 이상에 호소하는 것을 전적으로 거부한다.[37]

만일 '고대 사회'의 행위자들에게 부여되는 특성을 (그들은 아직 그들의 사회제도에 대해서 논증을 하였다고 주장하지 않는다. 그들은 특별한 설화로 만족한다. 곧 그들은 아직 보편적인 도덕 법칙을 알지 못하고 있다. 그들은 그들의 '씨족-도덕'을 따르고 있

---

34) ZR 18~19, 97면.
35) TW 65~66[T5 94~95], LS 33~34[T2 18~19면].
36) TW 78, 72[T5 103, 98~99], LS 38~39[T2 22~23], TP 31[T4 25~26면].
37) TW 88면 이하[T5 110면 이하], KK 79면.

다) 면밀하게 살펴본다면, 사회제도는 모든 행위자가 이상적인 담화 상황에서 자유롭게 받아들였을 때에만 정당하다는 원리를 이들에게 적용시키는 것이 합리적이라고 주장하기란 매우 힘든 일이다.

비판 이론의 인식적 지위나 궁극적 근거에 대한 이와 같은 불일치가 실제적인 이데올로기 비판에 직접적인 영향을 미칠 필요는 없다. 일치하지 않는 두 파(문맥주의자와 선험론자)가 함께 이 행위자들이 강제적 조건 아래에서 얻은 어떤 세계상이나 규범적인 신념을 주장하기 때문에 억압적인 사회적 관례와 제도가 그것에 의해 그들의 바람과 욕구가 좌절당해야만 하는 바로 그 행위자들에 의해 정당화되는 그러한 상황에서 이데올로기 비판이 수행해야 할 어떤 기능이 있다는 것에는 동의한다. 이러한 상황에서 비판 이론은 다음과 같은 사실을 밝힘으로써 신념이나 세계상을 이데올로기적인 것으로 비판한다.

(a) 오직 강제되지 않은 자유로운 토론을 통해서 신념이 행위자들에게 받아들여진 경우에만 그 사회의 정당성의 근거가 되고 있는 그 신념이 받아들여질 수 있다는 내용을 함축하고 있는 인식적 원리를 그 사회의 행위자들이 가지고 있다.

(b) 행위자들이 억압적인 특정한 사회제도를 받아들이는 유일한 이유는 그들이 이 제도가 그들의 세계상을 구성하고 있는 신념에 의해 정당화되었다고 생각하기 때문이다.

(c) 이러한 신념은 오직 강제적 조건 아래서만 행위자들에 의해 받아들여졌다.

위에서 열거한 사실로부터 문제가 되고 있는 신념은 행위자들에게 반성적으로 받아들여질 수 없으며 이러한 신념이 정당화시키

고 있는 억압적인 사회제도는 정당하지 않다는 사실을 이끌어낸
다.

　선험주의자들과 문맥주의자들은 이 모델에 동의할 수 있다. 문
맥주의자들은 '(a)'가 각각의 비판 이론에 절대적으로 필요한 부
분이라고 말할 것이다. 달리 말하면 '(a)'가 주장하는 것은 우리들
이 반드시 자율적으로 가정할 수 있는 것이 아니라, 비판 이론이
각각의 집단에게 전달되기 위해서는 확립되어야만 하는 그런 것이
다. 선험주의자들은 우리들이 어떤 인간 집단이라도 '(a)'를 만족
시킨다는 것을 선험적으로 안다고 생각한다. 그러나 그들은 여전
히 각각의 비판 이론이 따로따로 '(a)'를 정식화시키는 것이 중요
하다는 데 동의할 수 있을 것이다. 왜냐하면 우리들은 행위자가
어떤 집단이든지 '(a)'를 만족시키는 인식적 원리를 가진다는 것
을 알 수 있지만 그들은 이것을 처음에는 모를 수도 있기 때문이
며, 그리고 비판 이론의 과제 중의 일부가 명백히 이 사실을 알게
하는 것일 수도 있기 때문이다.

　1장에서 이데올로기에 대한 세 가지 접근 곧 인식론적, 기능적,
발생적 접근의 상호 관계의 문제를 논의하지 않은 채로 남겨두었
다. 하버마스에 있어서 이데올로기는 근본적으로 허위 의식이다.
인식론적 측면이 기본적이다. 그러나 문제가 되고 있는 '허위성'
은 '반성적인 수용 불가능성'이다. 그리고 반성적으로 받아들일
수 없는 의식의 형태라 하는 것은 그것을 '발생적' 성질의 탓으로
돌리는 것이다. 곧 그것은 오직 강제적인 조건 아래서만 얻어질
수 있었다는 것이다. 의식의 이데올로기적 형태는 그것 자체의 기
원이나 발생에 대한 무지나 거짓 신념을 '필요로' 한다. 만일 행위
자들에게 인식적 원리가 주어져, 그들이 그것이 자유로운 토론 아
래서 제기되지 않았다는 것을 안다면 그들은 그러한 의식 형태를
더 이상 계속해서 고수하지 않을 것이다.

하버마스는 이데올로기에 대한 기능적인 접근을 부차적인 것으로 생각하는 것처럼 보인다. 분명히 어떠한 의식이 인간의 바람이나 원망이나 욕구를 방해하지 않는다면 그것은 이데올로기적인 것이 아니다. 어떤 의식이 지배나 과잉 억압 등을 정당화하고 안정시킨다면 우리는 그 의식을 이데올로기적이라 하여도 무방하다. 의식이 허위로 정당성을 부여할 때, 그 의식을 이데올로기라 한다. 곧 그 의식은 행위자들로 하여금 만약 그들이 완전히 자유롭고 충분한 지식을 가지고 있다면 정당한 것으로 받아들이지 않을 것을 정당한 것으로 받아들이게 한다. 따라서 이상적인 담화 상황에서 형성된 의식의 형태는 지배를 정당화하지 않을 것이라는 사실로부터 이데올로기적인 의식의 형태는 지배를 정당화할 것이라는 결론을 이끌어낼 수 있다. 하버마스는 사람들이 자유롭고 충분한 지식을 가지고 있는 상황에서는 과잉 억압이나 불필요한 불평등을 받아들이지 않을 것이라는 사실을 필연적이고 자명한 사실로 받아들인다.[38] 하버마스는 합리적인 행위자들이 이유 없이 그들 자신의 합리성이 발전하고 존속하기 위해서 필요한 조건을 파괴하지 않는 것은 이성 자체의 요구라고 생각한다. 그러나 과잉 억압이나 불필요한 불평등을 받아들이는 것은 이상적인 담화 상황의 실현을 쓸데없이 방해하는 방해물을 받아들이는 것과 같다고 생각한다. 그러나 이상적 담화 상황은 인간의 합리성을 발전시키고 존속시키기 위한 이상적인 조건에 불과하다. 곧 우리들은 합리적인 행위자는 그들 자신이 합리적이 되는 것을 방해하는 그러한 사회를 알면서도 자율적으로 세우지는 않을 것이라는 사실을 선험적으로 예측할 수 있다.

---

38) 이 책, 16~18면 참고. 나는 행위자들이 불필요한 불평등에 자율적으로 동의하지는 않을 것임을 하나의 사실로 가정하여 왔다. 그러나 Dumont에 대한 '서론' 참고.

비판 이론은 자기-반성을 유발하여 계몽과 해방을 일으킨다. 우리들은 이것이 어떻게 일어나는가를 좀더 명확하게 고찰해야 할 단계에 이르렀다. 독자들이 기억하고 있듯이 자기 반성은 다음과 같다.[39]

(a) 자기 반성은 사이비 객관성과 '객관적 환상'을 해소시킨다.
(b) 자기 반성은 주체로 하여금 그 자신의 기원을 알게 한다.
(c) 자기 반성은 의식과 행위의 무의식적인 결정 요소를 알게 한다.

이러한 자기 반성을 통해 비판 이론은 행위자가 그들에게 고통을 주는 강제는 바로 자기자신들이 짊어진 것임을 깨닫게 한다. 이리하여 그 강제의 '힘'과 '객관성'을 해소시키고 행위자들에게 그들의 진정한 관심에 대한 좀더 큰 자유와 지식을 가져다준다.

비판 이론은 행위자들에게 그들의 의식과 행위의 무의식적인 결정 요소를 알려준다. 이렇게 함으로써 비판 이론은 그들의 강제적 사회제도가 (그 사회의 의사 소통 구조를 왜곡시킴으로써) 그들이 이데올로기적 세계상에 집착하도록 '결심하게 한다'는 것을 지적해 준다. 초기 단계에서 행위자들은 자유롭게 그 세계상을 받아들여 그것에 의해 행위하고 있다고 잘못 생각하고 있다. 곧 비판 이론은 행위자들이 알지 못하는 그들의 의식과 행위의 사회적 결정 요소를 지적함으로써 그렇지 않다는 것을 깨닫게 한다.

역시 이와 같은 방법으로 비판 이론은 사회에 속한 주체로 하여금 그들 자신의 기원을 알게 한다.[40] 주체로 하여금 그들 자신의 발생과 기원에 관하여 알게 하는 것은 그들에게 어떻게 그들이 주

---

39) 이 책, 119면 참고.
40) TG 230, TP 9~10(T4 1~2), E1 16, 25 이하(T1 8, 15면 이하) 참고.

체가 되었으며 어떻게 그들이 가지고 있는 신념, 태도, 규범 등을
가지게 되었는가를 그들에게 설명하는 것이다. 비판 이론은 행위
자들에게 어떤 조건 아래서, 어떤 '맥락'에서 그들이 이와 같은 신
념과 태도와 규범을 얻게 되었는가를 알려주고, 그리고 어떻게 그
들이 그들의 기본적인 세계상을 주장하게 되었는가를 알려준다.
곧 어떻게 그들이 사회적 주체가 되었는가를 알려준다.

비판 이론은 자기-반성을 유발함으로써 사이비 객관성과 '객관
적 환상'을 해소시킨다는 주장을 살펴보기로 하자.[41] 이러한 주장
이 의미하는 바는 무엇인가? X가 '객관적 환상'의 실제적인 예라
고 말하는 것은 다음 두 가지를 의미한다.

(a) X는 객관적인 것처럼 보인다. 그러나 객관적이 아니다. X는 사
   이비-객관성이다.
(b) X가 객관적인 것처럼 보인다는 것은 (비록 객관적이 아니라
   하더라도) 그것 자체로서는 객관적 사실이다.

만일 X가 객관적인 것으로 보인다 할지라도 '객관적'이 아니면,
아마도 X는 '주관적'일 것이다. 그 자신의 (주관적인) 행위나 그
행위의 결과와 독립하여 존재하는 '낯선' 현상을 자연적 또는 '객
관적' 현상으로 여기는 행위자는 '객관화의 오류'를 범하고 있는
것이다. 사이비-객관성을 겉으로 드러나 보이는 것만 보고 객관적
인 것으로 간주하는 것은 객관화의 오류를 범하는 것이다. 어떤
객관화의 오류는 행위자들이 다양한 이유로 말미암아 범하게 되는
임의적이고 우연한 오류일 수도 있다. 그러나 객관화의 오류는 사
회가 움직이는 방식에 그 근거를 둘 수도 있다. 달리 말하면 어떤

---

41) '객관적 환상'은 TG 259, 289, N2 412, EI 81 이하(T1 59면 이하)에서 논의
되고 있다.

136

사회에서 행위자가 객관화의 오류를 범하게 되는 것은 우연한 일이 아닐 수도 있다. 특히 그 사회가 모든 행위자들이 객관화의 오류를 범하도록 그렇게 구성되어 있을 수도 있다. 왜냐하면 그 사회의 대부분의 행위자들이 객관화의 오류를 범해야만 그 사회가 유지될 수 있기 때문이다. 이러한 의미에서 어떤 특수한 '현상'이 '객관적'이라고 말하는 것은 그 사회에서 그 현상이 객관적으로 보이는 것은 결코 우연이 아니라고 말하는 것과 같다. 곧 그것이 그렇게 보이는 것은 기본적인 사회제도의 전형적인 운용의 결과이며 그 사회제도가 움직이고 존속하기 위해서 필요한 것이다.

한 사회가 '객관적 환상'에 푹 빠져 있다는 것은 행위자들이 그들 자신의 활동의 결과로서 인식하지 않으면서 활동을 통해 '대상'의 영역을 산출한다는 의미이다. 그리고 그 사회가 그 자체를 재생산하기 위해서는 대부분의 행위자들이 이러한 오류를 범하는 것이 필요 조건이다. 그런데 무엇이 명백한 '대상'(실제로 그것은 행위자의 활동의 산물이다)의 영역에 포함될 수 있을까? 우선 사회적 풍습과 제도를 생각할 것이다. 이리하여 많은 마르크스주의자들은 '부르주아지' 경제학자와 사회 이론가들을 그들이 '객관화의 오류'를 범한다는 이유로 비판했다. 마르크스주의자가 보기에 그들은 특정한 인간 활동의 종류와 형태를 만들어내는 자본주의 사회의 특정한 제도를 고정되어 있고 불변적인 자연적 사실이나 '객관적인 자연 법칙'의 작용의 결과로 간주함으로써 객관화의 오류를 범했다. 그러나 이것은 우리가 지금까지 고찰해 온 이데올로기적 기만의 경우에서 발생한 것과는 같지 않음을 염두에 두어야 한다. 이 장에서 전체적인 이데올로기 논의의 기본적인 가정은 이데올로기적인 의식의 형태는 사회적 관습이나 제도를 정당화시키는 의식의 형태라는 것이다. 자연 현상이나 순전히 '객관적' 사실에 대해 잘못을 범하고 있는 사회제도는 정당화를 요구하지도 않고 승인하지도 않는다. 나는 태풍이나 홍수나 다른 자연 현상에 관해서는 정당화의 논의를 찾지 않는다. 나는 오직 나의 행위를 통해서 변화시킬 수 있는 힘이 나에게 있다고 생각되는 사태에 대해서 정당성을 요구하게 된다. 그리하여 비판 이론이 사회 행위자들이 자기-반성을 하게 함으로써 그들에게 고통을 주는 억압적인 사회제도가 객관적인 사실이 아니라 그들의 힘으로 바꿀 수 있다는 것을 행위자들이 깨닫게 하는 일은 있을 수 없다. 그들이 이러한 사회제도에 대한 정당화의 논증을 요구한다는 사실은 그들이 그것을 알고 있다는 것을 시사한다. 그러면 행위자들이 대상화하는 것은 무엇이고, 그들이 객관화의 오류를 범하는 그것은 무엇인가?

하버마스의 '객관성'에 대한 일반적인 설명을 돌이켜 생각해 보자.[42] 만일 제한을 받지 않은 합리적 행위자 공동체가 완전히 자유로운 상태에서 어떤 사태를 탐구하여 궁극적으로 영속적인 합의에 도달했다면, 그 합의를 표현하는 판단은 그 사태에 대한 '객관적인 진리'이다. 자연 현상이나 '자연적 사실'은 그것들에 관한 '객관적 진리'가 존재하기 때문에 '객관적'이다. 즉 완전히 자유로운 조건 아래서 그 현상을 탐구했다면 합리적인 행위자들의 집단이 도달하게 된 합의를 표현하는 판단이 있을 수 있다. 어떤 집단이 영속적인 합의에 도달하게 되었을 때 그 집단을 고찰해 보자. 그 집단에 속한 행위자들을 명백히 상반되는 입장에서 기술할 수 있었다. 그들의 의식 형태는 '자율적'이었다. 즉 행위자들은 전적으로 자유로운 조건 아래서 그 합의에 도달했다. 그 반면에 그들은 동의하도록 '예정되어 있었다'는 의견이나 판단이 있다. 어떤 의견에 그들이 최종적으로 도달할 것인가(만일 그들이 합리적이기를

---

42) 이 책, 126~127면 이하 참고.

원한다면)에 대해 그들이 실제적인 선택권을 가진 것 같지는 않다. 그들이 복종하는 그 강제를 하버마스는 '보다 좋은 논의에 대한 특유한 강제' 라고 부른다.[43] 그러나 이것은 역시 일종의 강제로 기술될 수 있다.

이데올로기적인 세계상은 그것이 그릇된 주장을 하고, 위에서 기술한 것과 동일한 구조를 가지고 있는 것처럼 보인다는 의미에서 '객관적인 환상'이다. 바꾸어 말하면 이데올로기적 세계상은 만일 완전히 합리적인 행위자들이 이상적 상태에서 자유로운 토론을 할 수 있다면 (더 좋은 논증의 위력에 의해) 채택할 '수밖에 없다'고 그들 스스로가 인정하는 세계상이라는 거짓 주장을 하고 있다는 의미에서 '객관적 환상'이다.[44] 나아가 만일 사회가 스스로를 재생산한다면, 이 '표상'은 구성원 대부분이 기본적인 사회제도가 정당하다고 생각해야 할 필요가 있다는 의미에서 '객관적'이다. 만일 구성원 대부분이 세계상이 말하고 있는 주장이 액면 그대로, '객관적 타당성'을 가진다고 받아들인다면 그 '표상'은 객관적이다.[45] 자기 반성이 '해체하려고' 하는 '자기-발생적 사이비 대상들'은 자연권, 자연법, '인간의 본질', '상품 양식', '인간의 본성'과 같은 '것들'이다. 곧 그것들에 대해 세계상이 객관적으로 타당한 언명을 하려고 하는 그러한 것들이다.

그 사회의 행위자들에게 만일 그들이 이상적인 상황에서 그것을 논의할 수 있었다면 그들은 그들이 받아들인 세계상을 받아들이지 않았을 것이라는 것을 보여줌으로써 비판 이론은 '객관적인 환상'을 '해체한다.' 곧 그 세계상이 객관적으로 타당하다는 주장을 논박한다. 그러한 것들을 기술하려고 하는 언명이 '객관적 지

---

43) WT 240: N2 386면.
44) TW 159~160[T1 311~312], TP 43[T4 37~38면].
45) TG 246~247면.

식'으로서의 지위를 가지고 있지 않다는 것이 밝혀지면, 곧 이상적인 상태에서 합리적 행위자들이 그 언명에 동의하지 않을 것이 밝혀지면, 의식의 이데올로기적 형식의 일부를 형성하고 있는 사이비 대상들 역시 해체된다. 만일 자연권에 대한 모든 담론이 어느 특정 사회 계급의 선호에 대한 표현에 지나지 않는다면, 자연권은 오직 원망하는 '대상'일 뿐이다.

마지막으로 비판 이론은 행위자들에게 그들에게 고통을 주고 있는 그 강제는 자기가 스스로 짊어진 것임을 보여줌으로써 강제의 '힘'과 '객관성'을 깨고 해방과 계몽을 가져다준다.

만일 그들의 상황이 이데올로기적 기만의 '초기 상태'를 규정하는 강력한 조건을 만족시킨다면, 행위자들은 비판 이론이 촉발한 '자기-반성'에 의해 명백하게 계몽될 수 있을 것이다. 그들의 욕구와 원망이 사회제도에 의해 심각하게 좌절된 초기 상태에서 그들은 그들이 지속적인 관심을 가지고 있다고 생각하였다. 반성을 통해 그것은 잘못이며, 사실 그들은 그들이 정당한 원망과 선호를 완벽하게 좌절시켰을 뿐만 아니라 자유로운 의사소통과 토론을 방해한 문제의 사회제도를 폐지하려는 실제적 관심을 가지고 있다는 것을 알게 될 것이다.

그러나 사회의 행위자들이 이와 같은 방식으로 계몽되었다 할지라도 그들은 완전히 해방되지 못할 수도 있다. 우리들은 행위자들이 억압적인 사회제도를 받아들이는 유일한 이유가 그 사회제도가 그들의 이데올로기적 세계상에 의해 정당화되기 때문이라고 가정해왔다. 그들이 세계상이 거짓임을 알게 될 때 그들은 사회제도가 단지 억압적이고 그래서 받아들이기 어렵다는 사실을 깨닫게 된다. 그러나 이러한 사실이 그 사회제도가 즉각적이고 자동적으로 없어지게 될 것임을 의미하지는 않는다. 관습이나 제도가 정당하지 않다는 사실을 깨닫는 행위자의 숫자가 점점 늘어남에도 불구하고 강력한 사회적 힘이 관습이나 제도를 존속시킬 수도 있다. 사실상 억압적인 사회제도는 일종의 사회적 타성에 의해서뿐만 아니라, 그것이 어떤 특수한 사회 집단의 실제적인 기존의 이해를 조장하고 촉진시키기 때문에 존속할 수도 있다. 그 집단은 그 제도를 폐지할 수 없는 갖가지 이유를 가질 수 있다. 지금까지의 논의는 이데올로기 비판이 필요하게 되는 상황의 매우 중요한 한 측면을 무시해왔다. 그 상황이란 한 사회가 상충되는 이해로 말미암아 여러 집단으로 분열되는 상황이다.

이데올로기는 억압을 정당화하는 의식의 형태일 뿐만 아니라 규범적인 힘의 **불평등한** 분배를 정당화하는 의식의 형태이기도 하다. 이데올로기는 오직 불평등한 잉여의 분배가 정당화되어야만 하는 그러한 조건에서 발생한다.[46] 규범적인 힘의 분배가 불평등하다는 것은 힘이 다른 어떤 집단 B보다 집단 A에 더 많이 분배되었다는 의미이다. 만일 사회제도가 B집단보다 A집단에 더 많은 규범적인 힘을 분배하고 있다면 그 집단의 구성원들이 제어하는 규범적인 힘을 유지하는 것은 일반적으로 A의 (진실된 또는 실제적인) 관심 속에 있게 될 것이다. 곧 B는 비판 이론이 작용해야 할 집단이 될 것이다. 이것은 이데올로기는 사실상 "어떤 특별한 이해"가 되지 않을 수 없는 명백히 자율적인 의식의 형태라는 하버마스의 주장을 설명한다.[47] 사회제도가 B의 구성원보다 A의 구성원에게 더 많은 규범적인 힘을 분배함으로써 집단 B의 구성원들을 억압한다고 가정해 보자. 이 제도를 정당화하는 이데올로기도 그와 유사한 형태를 갖게 될 것이다. 이데올로기는 자율적인 것으로 주장될 것이다. 그러나 실제로는 행위자들이 오직 강제로 획득하게 된 의식의 형태가 될 것이다. 이러한 경우에 그들의 의

46) TW 66[T5 94~95], LS 131~132[T2 95~96], TG 286, 289면.
47) TW 160[T1 311~312], TP 43[T4 37면].

식의 형태의 무의식적인 강제적 결정의 요인은 (궁극적으로) 틀림없이 B의 구성원보다 A의 구성원에게 규범적인 힘을 더 많이 분배한 사회제도이다. 따라서 이 의식의 형태는 '어떤 특별한 관심'일 수밖에 없으며 이 관심으로부터 의식의 형태가 나왔으며, 이 의식의 형태는 억압적인 상황을 정당화한다. 그러나 이러한 상황에서 억압은 집단 A의 특수한 이익을 유지시켜 준다.

이데올로기 비판이 정신 분석과 같은 다른 비판 이론과 한 가지 다른 점은 다음과 같다. 신경증의 경우 속임이나 억압을 통해서 이익을 보게 되어 그것의 존속에 관심을 갖는 '다른' 행위자는 없다. 신경증적인 억압은 매우 강한 의미에서 자기가 스스로 짊어진 것이다.[48] 그것을 극복하기 위해서 싸우는 것은 자기 자신과의 싸움이지 물리적 또는 사회적인 외부의 실재와 싸우는 것이 아니다. 그리고 성공은 세계의 변화를 얻는 데 있다기보다는 태도, 습관, 감정, 욕망의 만족할 만한 재구성에 있다. 자기-인식이 자연스러운 방식으로 자기가 짊어진 강제로부터 자유롭게 한다. 자기가 짊어진 강제로부터의 자유는 욕구 불만의 정도가 절감하는 것을 의미한다.

이데올로기적 강제가 필연적으로 위의 경우와 같아야 하는 것은 아니다. 이데올로기적 강제는 자기가 짊어진 것이다. 그러나 그것이 행위자들에게 행사하는 '객관적 힘'은 비판적인 반성에 의해 자동적으로 해소될 수 있는 그러한 힘은 아니다. 행위자들이 왜곡된 방식으로 행위함으로써 생산해온 종합적인 사회제도는 단순히 그들이 신념을 변화시킨다고 해서 또는 그들의 참된 관심이 어디에 있는가를 인식하기 시작했다고 해서 없앨 수는 없다. 특정 사회 계급의 이익에 깊이 자리 잡고 있는 기존의 사회제도를 폐지하

---

48) 그러나 Laing and Esterson(1964) 참고. 심리분석과 사회 이론의 차이에 대해서는 Giegel in Apel et al.(1971)과 TP 34~35(T4 28~29면) 참고.

기 위해서는 일반적으로 억압받고 있는 사람들의 의식 형태에서의 변화 이상의 것이 필요하다. 그것을 폐지하기 위해서는 장기간의 정치적 행동 과정이 필요하다. 이 행동 과정이 성공적으로 완성되기 전에는 그 제도는 계속 존속하고, 그 제도의 해로운 영향은 심지어 계몽된 행위자에게까지 미치고, 그들의 자유를 제한하고 욕구를 좌절시킨다.

반성을 통해 그것의 힘과 객관성이 파괴될 수 있는 '자기가 부가한 강제'는 억압적 사회제도의 정당성을 믿도록 강제당한 상태이다. 토론의 자유와 정당성 사이의 연결에 관한 하버마스의 입장에서 본다면, 이 강제 곧 믿게 하는 강제는 행위자가 그것의 존재를 알지 못한 상태에 있거나 그것의 본질을 잘못 알고 있을 때, 그 강제를 '더 나은 논증의 강제'로 잘못 알고 있을 때에만 효력을 발휘할 수 있다. 억압적인 사회제도의 정당성을 받아들임으로써 행위자들은 그들 자신의 좌절에 스스로 협력하여 왔다. 비록 반성만으로 실제적인 사회적 억압을 없앨 수는 없으나 반성을 통해 그들 스스로가 무의식적으로 자신의 정당한 욕망을 방해하지 못하도록 할 수는 있다. 억압의 정당성을 없애는 것은 진정한 자유를 가져다 줄 수 있는 정치적 행위에 필요한 전제 조건이 될 수 있다.

그러므로 이데올로기적 기만의 경우에는 계몽이, 사회적 제도에 의해 생긴 외부적 강제로부터의 자유를 뜻하는 해방을 자동적으로 가져올 수는 없다. 고통과 좌절을 줄이지도 않는다. 계몽은 다만 욕구 불만이 발생한다는 것을 알게 한다. 비록 억압적인 사회의 계몽된 행위자들은 그들의 기본적인 사회제도를 거절해야 한다는 것을 충분히 알 수 있지만 그들의 진정한 관심이 어디에 있는가 하는 것 이상은 알 수 없으며, 그들은 자유롭게 된 사회에서 그들이 형성하는 관심이 어떤 것인가를 예측할 수 있다고 믿지 않는다. 따라서 행위자들이 그들 자신의 억압으로부터 '해방되고' 그들이 지금 이끌고 있는 부자유스러운 사회의 존속으로부터 '해방될' 때 비로소 계몽의 과정 자체가 완성된다.

2. 확증

비판 이론이 인식적이고 우리들에게 지식을 준다면 그것의 참과 거짓을 판단할 수 있어야 한다. 우리들은 비판 이론이 반증되거나, 확증되는 조건을 알기 원한다.

비판 이론은 매우 복잡한 개념적인 구조를 가지고 있다. 그것은 특정 사회의 특정한 행위자 집단에 전달되어야 하고, 성공적인 해방과 계몽의 과정을 통해서 그들의 '자의식'을 목적으로 한다. 해방과 계몽의 과정은 굴레와 기만과 욕구 불만의 상태인 초기 단계에서 자유와 인식과 만족의 상태인 최종적인 단계로 옮아가는 과정이다. 그런데 전형적인 비판 이론은 다음과 같이 세 가지 주요 부분으로 구성되어 있다.

(A) 현 사회 상태(해방의 과정에서 '초기 단계')가 제안된 어떤 최종적 상태로 전이되는 것을 보여주는 부분 A는 '객관적으로' 또는 '이론적으로' 가능하다. 곧 부분 A는 다음과 같이 표현될 수 있다.

    (1) 제안된 최종 상태는 선천적으로 가능하다. 곧 생산력 발전의 현 단계에서 이 제안된 상태에서 사회는 기능하고 스스로를 재생산할 수 있다.

    (2) (특정의 제도적 또는 다른 변화에 의해) 현재 상태로부터 제안된 최종 상태로의 전환이 가능하다.

(B) 현재 상태에서 제안된 최종 상태로의 전환을 보여주는 부분 A는 '실천적으로 필연적'이다. 곧

(1) 현재 상태는 반성적으로 수용할 수 없는 욕구 불만, 속박, 환상의 상태이다. 곧 (a) 현재의 사회 조직이 아픔, 고통과 욕구 불만을 야기한다. (b) 이 사회의 행위자들은 오직 그들이 특수한 세계상을 가지고 있기 때문에, 현재 사회 조직과 그 조직이 유발하는 고통을 받아들인다. (c) 세계상은 반성적인 행위자들에게는 받아들여질 수 없다. 곧 그 세계상은 그들이 강제적인 조건에 있기 때문에 가지게 된 그러한 세계상이다.

(2) 제안된 최종 상태는 현재 상태의 환상과 불필요한 강제와 욕구 불만이 없는 그러한 상태가 될 것이다. 행위자들은 제안된 최종 상태에서 그들의 참된 관심을 쉽게 실현할 수 있을 것이다.

(C) 부분 A는 현재 상태에서 제안된 최종 상태로의 전환은 행위자들이 비판 이론을 그들의 '자의식'으로 채택하고 그 의식에 따라 행위할 때 일어날 수 있다고 주장한다.

만일 이러한 추상적인 도식이 어떤 특별한 내용, 예를 들면 마르크스주의로 채워진다고 생각하면 '초기 단계'는 현재의 자본주의적인 생산 양식이며 제안된 '최종 상태'는 계급 없는 사회이다.

부분 (A)가 없다면, 사회 비판 이론은 다른 유토피아적인 공상일 뿐이다. 유토피아적인 공상은 실현 가능성을 말할 수 없는 이상 상태에 대한 하나의 꿈이다. 부분 (A)는 비판 이론이 가지고 있는 요소 가운데 '경험적 사회 과학'과 가장 동일한 부분이다.[49] 무엇을 계급 없는 사회가 도출될 수 있다는 주장에 대한 확증 사례로 인정하고 무엇을 반증 사례로 인정할 것인가를 결정하는 문

---

[49] 마르크스주의의 '비판적' 버전은 '경험적으로 검사가능한 역사철학'을 상정하고 있다. TP 428, 434, WL 53[T6 51~52면].

제와 관련하여 특별한 인식론적 문제가 존재하지는 않는다.

비록 유토피아주의를 피하는 것이 중요하다고 할지라도, 그것 못지않게 사회에 대한 모든 지식은 과학적 지식이라고 주장하는 과학주의를 피하는 것도 중요하다. 프랑크푸르트학파 사람들은 그들이 계급 없는 사회의 '불가피한' 도래를 무조건적으로 예측하지 않는다고 하는 것을 마르크스주의에 대한 그들의 '비판적' 버전을 구별해주는 (그리고 교조적 마르크스주의와 비교하여 우월성을 담보해주는) 중요한 특성으로 간주한다. 사회이론으로서 마르크스주의는 현재 사회 질서에서 계급 없는 사회로의 전이의 필연성에 대한 지식을 제공한다고 주장한다. 프랑크푸르트학파 사람들은 문제의 '필연성'을 그들이 '실천적 필연성'이라고 부르는 것으로 해석하고 싶어 한다.[50] 바꾸어 말하면, 마르크스주의자들은 사회의 행위자들이 계급 없는 사회의 도래에 대해 압도적으로 실천적 관심을 가지고 있다는 것을 알고 있다. 그러나 교조적 마르크스주의자들은 과학주의에 빠져 있으며, 그렇기 때문에 '실천적 필연성'에 대한 지식의 가능성을 받아들이지 않는다. 따라서 만일 계급없는 사회의 도래가 '필연적'이라고 한다면, 이 때의 '필연적'은 그것의 도래가 '불가피하다'는 것이 이론적으로 예측될 수 있다는 것을 의미해야 한다. 그러나 행위자들이 객관적으로 가능한 전환에 대해 압도적인 실천적 관심을 가지고 있다는 사실로부터 전환이 불가피하다는 것을 이끌어 낼 수는 없다. 그것이 발생할 것인가 발생하지 않을 것인가는 우리가 예측할 수 없는 모든 종류의 다른 요소들에 의존한다. 특별히 대부분의 행위자들이 비판 이론의 설득력을 받아들이고, 그것을 채택하고, 그것에 따라 효과적으로 행위하느냐에 달려 있다. 때때로 프랑크푸르트학파의 사람들은 어느

---

50) TP 412~413, WL 57 이하(T6 55면 이하).

누구도 대부분의 행위자들의 자유로운 결정을 예측할 수 없다는 생각을 가지고 있는 것처럼 보인다. 행위자들이 비판 이론을 채택할 것이라는 예측을 뒷받침할 수 있는 근거가 아무리 강하다고 할지라도, 그 결정이 '불가피한 것'은 아니라거나 비판 이론의 핵심은 무조건적인 예측을 하는 것이 아니라, 행위자들이 그들 자신의 진정한 관심을 실현시키기 위해 왜 합리적으로 행동해야만 하는가를 깨우쳐 주는 주장으로 해석하는 것이 프랑크푸르트학파 사람들에 대한 동정적인 이해가 될 것이다.

부분 (B)와 (C)는 비판 이론의 특징적인 모습이다. 비판 이론의 부분 (B)가 단순한 사실적 오류를 포함하고 있지 않다는 것은 승인가능성의 필요조건임이 명백하다. 즉 어떤 특정 집단의 이익과 관련이 있는 입장을 선전하기 위하여 사용되는, 한 나라의 85%의 신문과 잡지, 라디오 방송국을 거대한 하나의 회사가 소유하고 있기 때문에 그 사회의 행위자들이 '강제 아래서' 의사소통을 하고 있다고 비판 이론이 주장한다면, 한 회사가 그 나라의 신문, 잡지 그리고 라디오 방송국의 85%를 소유하고 있는 것이다.

그러나 비판 이론의 부분 (B)를 경험주의자의 모델과 일치시키는 것은 쉽지 않다. 주지하다시피 '이 세계상이 그 행위자들에게 반성적으로 수용될 수 없다'는 것은 '그 행위자들이 자유로운 상태에서 이 세계관을 획득하지 않았다'는 것을 함축한다. 비판 이론은 결정적으로 자유와 강제의 이론에 의존하고 있다.[51] 그러한 이론은 어디에서 유래하며 그것의 지위는 무엇인가?

비판 이론에 따르면 자유와 강제에 대한 자신의 입장은 비판 이론이 대상으로 삼고 있는 행위자들로부터 이끌어내야 한다. 바꾸어 말하면 비판 이론이 세운 자유와 강제에 대한 이론은 비판 이

---

51) WL 50~51[T6 48~49면].

론이 대상으로 삼고 있는 행위자들의 의식 활동과 형식에 내재해 있는 입장을 선명하게 형식화한 것에 지나지 않는다. 이것은 '내 재적 비판' 원리의 다른 한 예이다. 행위자 자신들이 그들이 강제 되었는가 그렇지 않은가, 그들이 자유로운가 그렇지 않은가를 최 종적으로 판단해야 한다.

행위자 자신이 그들의 자유와 강제에 대한 최종적인 판단자여 야 한다고 말하는 것이 자유와 강제의 조건에 대한 그들의 직접적 인 판단이 최종적이라고 말하는 것은 결코 아니다. 만일 그렇다면, 이데올로기 비판은 필요하지 않을 것이다. 이데올로기 이론의 요 점은 때때로 행위자들은 자신이 직접적으로 알지 못하는 강제로부 터 고통을 당한다는 것이다. 행위자들은 그들이 완전히 자유롭게 판단하고, 충분히 알고 있는 상태에서 판단하고, 빠짐없이 숙고한 상태에서 판단했을 때에만 그들의 자유와 강제에 대한 최종적인 판단자가 되는 것이다.

그런데 비판 이론은 그것이 경험적으로 적절하지 못하고, 그것 이 대상으로 삼고 있는 행위자들이 자유롭게 동의하지 않는다면 승인될 수 없다.[52] 바꾸어 말하면 비판 이론의 대상자들이 완벽한 정보와 완전히 자유로운 상태에서 숙고한 후에 비판 이론에 표현 되어 있는 자유와 강제에 대한 입장에 동의하지 않는다면, 비판 이론은 받아들여질 수 없다. 행위자들이 실제로 동의하거나 동의 하지 않게 되는, 곧 자유롭게 동의하거나 동의하지 않는, 완벽한 정보와 완전한 자유의 조건들이란 무엇인가? 물론 비판 이론 자체 는 무엇을 완벽한 정보와 완전한 자유의 조건으로 간주해야 할 것 인가에 대한 충분하고 분명한 명세서를 가지고 있다.[53] 그러나 이 러한 명세서를 이 시점에서 사용하는 것은 순환논증에 빠지는 것

---

52) TP 36, 41 이하(T4 31, 36 이하), WL 41~42(T6 40~41면).

처럼 보인다. 만일 내가 처음부터 조건 C가 자유의 조건이라는 것에 동의하지 않는다면, 만일 내가 조건 C 아래 놓여진다면 나는 그것이 자유의 조건이라는 것에 동의할 것이라는 사실(만일 그것이 사실이라면)에 아무런 인상을 받지 못할 수도 있다. 이크족 '비판 이론가들'이 만일 내가 이크족 비판가들과 동일한 조건에서 나의 삶 전체를 살았다면 나는 그것들이 자유의 조건이라는 것을 깨달았을 것이라고 주장한다면, 나는 아마 충분히 동의할 것이다. 그러나 이것이 결코 그러한 조건에서 내가 가질 수 있는 자유에 대한 입장이 '올바른' 입장이라는 것을 나에게 말하는 것은 아니다.

이 장을 시작하면서, 나는 프랑크푸르트학파가 비판 이론은 근본적으로 인식적 구조와 확증의 양식에서 '과학' 이론과 다르다는 주장을 한다고 하였다.[54] 과학 이론은 만일 그것이 경험적으로 정확하고 그리고 관찰과 실험에 의해 확증될 때 인식적으로 승인가능하다. 비판 이론은 그것이 경험적으로 정확하고 그리고 비판 이론의 '대상자들' 곧 비판 이론이 대상으로 삼은 행위자들이 자유롭게 비판 이론에 동의하면 그것은 승인가능하다. 프롤레타리아를 대상으로 한 비판 이론은 그 사회의 프롤레타리아의 객관적 상황에 대한 비판 이론의 기술이 통상적인 관찰적인 수단에 의해 확증되면, 만일 프롤레타리아 구성원들이 자유롭게 그 이론에 동의하면, 특히 비판 이론에 들어있는 자유와 강제에 대한 입장에 동의하면, 비판 이론은 확증된 것이다. 대부분의 과학 이론에서는 '연구의 대상'이 이론에 자유롭게 동의하는가 그렇지 않은가 하는 문제는 제기되지 않는다. 식물과 유전자, 미생물 분자 등은 찬성하거나 이의를 제기할 수 없다.

비판 이론은 '객관화'가 아니라 '반성적'이라는 점에서 과학이

---

53) 이 책, 122면 이하.
54) 이 책, 93~95면 참고.

론과 구조적으로 구별된다. 바꾸어 말하면, 비판 이론은 이론 자체와 구별되는 다른 어떤 대상에 대한 하나의 이론이 아니라 사회과학의 이론이 어떻게 발생하며, 어떻게 그 이론이 적용되며, 어떤 조건 아래에서 그 이론이 수용될 수 있는가를 탐구하는 사회과학에 대한 이론이다. 비판 이론의 중심적인 부분은 그 이론이 보여주고 있는 신념의 승인가능성의 기준이다. 비판 이론이 이 기준을 그 이론이 대상으로 삼고 있는 행위자들이 이미 사용하고 기준 속에서 제시하고 있는 것은 확실하지만, 비판 이론이 단순히 이 기준을 그냥 기술하고 있는 것은 아니다. 참인 (또는 적어도 참에 가장 접근하는) 기준으로 사용한다. 비판 이론은 그것이 대상으로 삼고 있는 초라하고 무식한 사람들이, 그들 나름의 인식적 원리에 따라 이러한 특별한 이데올로기적인 세계상이 받아들여질 수 없다는 것을 알게 될 것이라고 주장하는 것이 아니라, 그것은 받아들여질 수 없는 것이라고 주장한다. 행위자들은 그 세계상이 받아들여질 수 없다는 것을 발견할 수 있고 그들이 옳을 수도 있다. 따라서 비판 이론 자체는, 그 비판 이론이 행위자들의 행동과 의식의 형식에서 이끌어 내고, 그 행위자들의 이데올로기적인 세계상을 붕괴시키기 위해 사용하고 있는 기준에 의해 받아들여질 수 있어야 한다. 비판 이론은 객관화하는 이론이 하는 것처럼, 사회, 그 사회의 구성원, 그들의 의식의 형식에 관한 단순한 정보를 주려고 하지는 않고, 비판 이론 자체와 그것이 제공하는 정보가 승인가능한가를 평가할 수 있는 기준을 제시하려고 한다. 비판 이론을 평가할 수 있는 중립적인 방법은 존재하지 않는 것처럼 보일 수도 있다. 만일 누가 비판 이론이 제공하는 승인가능성의 기준을 사용한다면, 비판 이론이 '승인가능한' 것이 되는 것은 전혀 놀라운 일이 아니다. 그러나 다른 기준을 사용하는 것은 비판 이론이 테스트 조건을 통과하지 못하여 거절하는 것으로 보일 수도 있다. 적어도 비판 이론이 그 자신이 제시한 승인가능성의 기준을 만족시켜야만 하는 것은 확실하다. 바꾸어 말하면 만일 비판 이론이 대상으로 삼고 있는 행위자들이 그 이론이 '완전한 자유 조건'이라고 규정한 상황 안에서 그 문제를 고려하고 있다면, 그 이론 안에서 형성된 자유와 강제에 대한 입장에 그들이 동의할 것이라는 사실은 참이어야만 한다.

자유 동의의 기준은 비판 이론의 중심적인 인식론적 기제에 적용될 뿐만 아니라 비판 이론의 다른 부분에도 적용된다. 지금까지 우리는 이 논증을 단순하게 하기 위해 어떤 가정을 하였는데, 이제 그 가정을 좀더 자세하게 고찰해야만 한다.

우리는 비판 이론이 대상으로 삼고 있는 행위자가 그들이 고통과 욕구불만으로 시달리면서 그 욕구불만의 근원을 함께 알고 있다고 가정하여 왔다. 그들은 어떤 사회제도가 그들을 억압하고 있는지 알고 있지만, 그들이 받아들이고 있는 세계상 때문에 그 억압과 그 제도를 받아들인다. 비판 이론은 '고통과 억압의 경험 속에 그것의 원천을 가지고 있다.'[55] 고통과 욕구불만을 경험함으로써 행위자들은 비판 이론을 고려할 동기를 갖게 되고 그들이 처한 사회적 장치를 바꾸기 위해 비판 이론에 따라 행동하게 된다. 나는 행위자들이 그들이 욕구불만에 처해 있다는 것과 그 욕구불만의 제도적 원인을 함께 알고 있는 상황을 '표준적' 상황이라고 부를 것이다.

물론, 욕구불만의 궁극적 원인을 알지 못하면서 고통과 욕구불만을 경험할 수는 있다. 특히 '사적 소유' 또는 '국가'와 같이 어떤 대규모의 사회제도가 그 원인일 때 그럴 수 있다. 이러한 상황에 처해있는 행위자는 여전히 이데올로기적으로 기만당하고 있다. 실

---

55) EL 344, 349(T1 283~284, 287~288), WL 47 이하(T6 45면 이하).

제로 그들은 그들의 욕구불만의 원인이 정확하게 어디에 있는지
알 수 없기 때문에 '표준적' 상태에 있는 행위자보다 더 심하게
기만당하고 있다고 주장할 수 있다. 그리고 이러한 고통의 경험으
로 말미암아 비판 이론을 채택하고 그것에 따라 행동하겠다는 강
한 동기를 가질 수도 있다. 이 경우에 비판 이론은 어떤 특정의 사
회적 제도와 장치가 그들이 당하는 고통의 원인임을 보여주기 위
해 고안된 논증을 부분 (B)에 명백하게 포함하게 될 것이다. 마찬
가지로 만일 행위자가 그들이 당하고 있는 고통의 원인에 대해
(어떤 신념도 가지고 있지 않고) 거짓된 이론을 가지고 있다면, 예
를 들어 그들이 그 고통이 신의 벌 또는 모든 인간에게 주어진 피
할 수 없는 고통 가운데 일부라고 생각한다면, 비판 이론은 그들
을 '해방시키는' 과정에 들어가기 전에 이 거짓 이론의 잘못을 깨
닫도록 해주어야 한다. 행위자가 아무런 신념을 가지고 있지 않은
경우와 거짓 신념을 가지고 있는 경우에는 비판 이론의 실제적인
확대가 필요하다. 비판 이론은 어떤 사회제도와 모든 경우의 행위
자가 당하는 고통 사이에 존재하는 적절한 인과적 관계를 밝혀내
려고 한다. 유일한 문제는 행위자들을 해방시키기 위해 그렇게 드
러난 관계를 기술하는 언명을 비판 이론에 포함시킬 것인가 시키
지 않을 것인가이다. 만일 그들이 이미 이 관계가 함축하고 있는
것을 알고 있다면, 그들에게 그 관계가 함축하는 것을 이야기해줄
필요는 없을 것이다. 그러나 '표준적 사례'의 경우에서도 비판 이
론은 비판 이론이 명시적으로 또는 묵시적으로 행위자들의 고통의
원인으로 제시한 사회적 제도가 실제로 그 원인이 아니라는 것이
밝혀지면 반증되는 것이다.

마지막으로, 프랑크푸르트학파 가운데 어떤 사람들은 우리가 지
금까지 다루어 온 것보다 더 '깊은' 이데올로기적 기만을 제시한
다. 특히, 마르쿠제와 아도르노는 현대 산업 사회는 그 속에 살고

있는 사람들이 고통 받으면서 비참한 삶을 살고 있다는 사실을 충분히 알게 되는 것을 방해하기 위해 그들의 내면적인 삶까지도 폭넓게 통제할 수 있다고 생각한다. 사회가 아주 강력하여 행위자들이 그들이 가지고 있는 원망이나 욕구를 인식하고 표현하는 것을 방해할 수 있다고 가정하자. 그러면 행위자들은 이러한 욕구의 좌절을 충분히 의식하지 못하게 될 것이다. 욕구 좌절을 명백하게 인식하게 되면 승인될 수 없는 무의식적 욕구를 인식하게 될 것이다. 그 결과는 애매한 불쾌함, 막연한 불만족, 비합리적인 행동 패턴 등, 간단히 말하면 알지 못하는 욕구불만으로 인한 불행한 상황이 될 것이다.

이러한 상황에서 비판 이론이 수행해야 할 첫 번째 과제는 행위자들이 그들의 (무의식적) 욕구가 좌절되었다는 것을 알게 하는 것이다. 비판 이론의 지지자들은 이러한 무의식적 욕구를 행위자들의 드러난 행위를 기초로 그 행위자에게 귀속시킨다. 사회 성원들이 그들의 무의식적 욕구가 좌절당하고 있다는 것을 알게 할 수 있는 가장 명확한 방법은 그들에게 그들 자신의 행동에서 이끌어 낸 증거를 제시하는 것이다. 또한 '자유 동의'의 원리가 비판 이론의 이 부분에 적용되기 때문에, 비판 이론이 대상으로 삼고 있는 행위자들은 그들 자신의 것으로 그들에게 부여된 '무의식적 욕구'를 자유롭게 인식해야만 하고, 그들이 불행하고 욕구좌절을 겪고 있다는 것에 자유롭게 동의해야만 한다. 오직 그 행위자들이 그들이 불행하다는 것에 동의했을 때만, 비판 이론은 정당한 것으로, 거짓되게 주장되고 있는 사회적 제도 안에서 그들의 고통의 원인이 드러나게 할 수 있다.

그러나 그 사회의 행위자들이 그들의 삶에 실제로 완전히 만족하고 숨은 욕구불만의 징표를 행동으로 전혀 보여주지 않는다고 가정해보자. 아마도 그들이 속해 있는 사회제도들이 아주 강력하고 효과적이기 때문에 사회 성원들이 현재의 제도적 틀 안에서는 만족될 수 없는 욕구를 무의식적으로 형성하는 것조차 완벽하게 방해할 수 있다. 이것이 행위자들이 해방되어야 할 굴레와 기만의 적절한 '초기 조건'인가? 때때로 마르쿠제가 기술한 '이데올로기적인 기만'의 상황은 행위자들이 성취하지 못한 무의식적인 욕구를 가지고 있는 기만 상황, 그들이 불행하고 욕구불만에 가득 차 있는 기만 상황이 아니라 그들을 천박하고 흥미롭지 못한 삶으로 인도하거나 낮은 차원의 열망을 갖게 만드는 기만 상황이다. 만일 행위자들이 그들의 삶에 만족하고 있다는 것을 진지하게 말하고, 그리고 숨은 욕구 불만에 대한 행위로 나타난 증거가 없다면, 어떤 기준에 의해서 그들의 삶이 '빈약하고', '천박하다'는 판단을 할 수 있으며, 그들이 '계몽될' 필요가 있다고 할 수 있겠는가? 이 물음에 대한 대답은 '좋은 삶'이 무엇인가에 대한 '전통적인 문화적' 기준에서 이끌어 낼 수 있다.[56] 이러한 입장은 예술 작품, 종교적이고 형이상학적인 원리 속에서 찾아볼 수 있거나 특별한 미학적인 경험이나 종교적인 경험에서 이끌어 낼 수 있다. 좋은 삶에 대한 이미지 대부분은 유토피아적이다. 좋은 삶에 대한 이미지는 존재할 수 없는 상태를 기술하고 있다. 새로운 예루살렘은 존재하지 않는다. 그러나 행위자들이 그 곳에 살지 않는다고 할지라도 그들은 대단히 행복하다. 사실, 그들은 그들의 전통 속에 존재하는 새로운 예루살렘에 살지 않는 것을 아주 이성적으로 선호할 수도 있다. 만일 그들의 삶이 만족스럽다면, 그들이 새로운 예루살렘을 추구하지 않는다는 사실이 그들을 비판하고 그들이 계몽될 필요성이 있다고 생각하는 것의 중요한 토대가 아닐 수도 있다. 어떤 사

---

56) TW 78, 89(T5 103~104, 111~112), TG 267, EI 340, 344, 350(T1 280, 283~284, 288), TP 42, 267~268(T4 36~37, 239), KK 331 이하, WL 74~75(T6 72~73면).

회에서는 그 사회에서 전통적으로 갖고 있는 유토피아적인 내용이 실현될 수 있을 만큼 실현되었다는 가정을 할 수도 있다. 만일 이러한 가정이 존재한다면, 비판 이론은 행위자들이 그들의 전통적인 유토피아적 내용을 그들이 실현할 수 있는 것보다 얼마나 더 많이 실현할 수 있는가에 대하여 그들을 계몽하였을 수도 있다.

문화 전통의 유토피아적 내용으로부터 이데올로기를 비판하는 이러한 접근방식은 다소 엘리트들의 일일 수도 있다. 사회를 비판하는 이유는 그 사회의 억압받는 집단에 대해 그 사회가 가한 고통의 경험 때문이 아니라, 신경 쇠약에 걸린 문화적 엘리트들의 감성을 만족시키지 못하기 때문이다. 확실히, "세상사가 좋고 그리고 우리는 세상사가 얼마나 더 좋아질 수 있는가를 깨닫지 못하도록 방해받아 왔다"는 것보다는 "세상사는 끔찍하고 우리는 세상사가 그렇게 끔찍할 필요가 없다는 것을 깨닫지 못하도록 방해받아 왔다"는 것이 행동할 수 있는 강한 동기를 제공할 것이다. 그러나 이러한 접근 방식이 엘리트주의적이 되어야 할 선험적인 이유는 존재하지 않는다. 그 사회의 행위자는 완벽하게 만족할 수 있다. 그러나 만일 그들이 알지 못하던 어떤 강제로부터 벗어나게 된다면, 그들은 그들의 존재 양식이 존엄성이나 자기 방향성을 결여하고 있고, 만족스러운 미학적 경험을 제공하지 않는다는 것 등을 깨달을 수 있다. 모든 행위자들은 이것을 깨달을 수 있고 적절한 새로운 욕구를 발전시킬 수 있다.

이와 같이 우리는 아주 다른 네 가지 '초기 조건'을 고찰하여 왔다.

(1) 행위자들은 고통을 받고 있고 어떤 사회제도와 장치들이 그것의 원인인가를 알고 있다.
(2) 행위자들은 그들이 고통받고 있다는 것을 알고 있다. 그러나

그 원인이 무엇인지 모르거나 그 원인에 대한 거짓 이론을 가
지고 있다.

(3) 행위자들은 겉으로는 만족하고 있다. 그러나 그들의 행위를 분
석하면 그들이 알지 못하고 있는 숨은 욕구불만으로부터 고통
받고 있음을 알 수 있다;

(4) 행위자들은 실제로 만족하고 있다. 그러나 '정상적인' 상황에
서는 발전되었을 수도 있고 그리고 현재의 사회 질서의 구도
아래서는 만족될 수 없는 그러한 어떤 욕구를 발전시키지 못
했기 때문에 만족하고 있는 것이다.

하버마스는 비판 이론의 효과에 대해 약간 다른 두 가지 기술을
제시하였다: (A) 비판 이론은 확인 가능한 고통의 감소를 목적으
로 한다. (B) 비판 이론은 '만일 개인들이 그들이 원할 수 있는 것
이 무엇인가를 알고 있다면, 그들이 원하는 것에 대한 사회화된 개
인의 자기-계몽의 과정'을 시작하도록 한다.[57] (A)는 (1)과 (2)에
는 들어맞고, (3)을 포함할 수 있을 정도로 확장될 수 있지만 (4)
는 포함할 수 없다. 반면에 (B)는 사례 (4)와는 아주 잘 들어맞지
만 사례 (1)과는 들어맞지 않는다. 사례 (1)의 경우에서 행위자의
문제는 그들이 무엇을 원할 수 있는가를 알지 못한다는 논점이다.
그들은 그들이 원하는 것은 고통의 감소라고는 알고 있다. 그러나
그들은 그 고통을 완화하기 위해 정당하고, 합리적이고, 그들의 실
제적 이해 추구와 적합한 방식으로 행동할 수 있다는 것을 알지
못하고 있다.

---

57) 곧 비판 이론은 'Prozeß der Selbstaufklärung vergesellschafteter Individuen
über das was sie wollen würden, wenn sie wüßen, was sie wollen könnten.'
TG 281, TW 118~119, 134 이하, 137(T5 160~161, 72 이하, 74), TG
146~147면.

156

　여전히 (B)는, 비록 애매하고 적절하지 않은 방식이지만, 중요한 사실 곧 모든 경우의 이데올로기적인 착각에서 기초적인 것은 행위자의 의식 형태가 인공적으로 제한되어 있다는 것 곧 그들이 자신에게 실제적인 가능성으로 인식할 수 있는 구속으로부터 고통받고 있다는 사실을 표현하고 있다.[58] 사례 (4)의 행위자들은 그들이 정상적인 상황에서는 발전시켰을 수도 있는 어떤 욕구를 지각조차 할 수 없었을 수도 있다는 가능성에 대해 제한된 지각을 가지고 있다. 사례 (1)의 행위자들은 그들이 고통을 수용하는 것 이외에 다른 정당한 대안을 가지고 있지 않다는 잘못된 시각을 가지고 있기 때문에 '제한된 가능성'을 가지고 있다.

　사례 (4)는 프랑크푸르트학파에서 출몰하는 악몽이다. 그것은 사회적 통제가 지나치게 전면적이고 효율적이기 때문에 그 사회 구성원들이 쉽게 만족될 수 없는 욕구를 갖는 것조차 방해하는 그러한 사회이고, 행복한 노예, 그들을 옭아매고 있는 사슬에 진정으로 만족하는 그러한 사회이다. 이것은 악몽이고, 현재 가능한 사회 상태에 대한 실제적인 관점이 아니다. 사례 (4)에서 묘사된 완벽한 통제는 아마도 가능하지 않을 것이다. 우리는 어떤 욕구를 좌절시킨다는 이유로, 욕구를 형성하는 것을 방해한다는 이유로 어떤 사회를 비판하기를 원할 수도 있다.

　초기 조건이 경우(3) 또는 경우(4)에 접근하는 정도에 따라, 비판 이론의 첫 번째 과제는 행위자들이 그들의 고통과 욕구불만과 불행에 대한 앎을 증대시키거나 또는 그들이 현재의 그들의 존재 양식의 한계에 만족하지 않도록 만드는 것이다. 만일 비판 이론의 지지자들이 비판 이론이 대상으로 삼고 있는 사람의 '저항'에 직면하게 된다면, 더욱더 강한 저항에 직면하게 된다면, 다른 많은

---

58) EI 281(T1 229면)에서 하버마스는 "허위 의식의 독단적 구속"에 대해 이야기하고 있다. N2 380, 412, TG 279, 258~259면 참고.

경우와 같이 행위자들이 이데올로기적인 기만으로부터 고통을 받을 뿐만 아니라 다양한 사회적 '아편'의 영향 아래에 있게 되는 것은 놀라운 일이 아니다. 곧 그들은 현 사회에 대한 정당성에 대한 믿음에 의해서뿐만 아니라 해방에 의해 위험에 빠질 수도 있는 거짓 형태의 만족감에 의해 현 사회를 유지하려고 할 것이다.[59]

어떤 사회이든 실제 사회의 '이데올로기적 의식의 형태'에 대한 분석은 아주 복잡한 문제가 될 것이다. 이러한 분석은 규범적 신념 때문에 받아들여진 의식적이거나 무의식적 설명, 그 사회의 행위자들이 발전시키려고 한 (그러나 발전시키기를 방해 받아온) 욕구에 대한 주장, '거짓' 형태의 만족의 작용에 대한 기술을 포함하게 될 것이다. '아편'의 사용은 이데올로기적 기만의 기본 형태에 기초한 장식품이다. 곧 의식의 제한을 통한 억압과 고통의 정당화이다. 그럼에도 불구하고 '자유 동의'의 원리는 여전히 적용된다. 바꾸어 말하면 만일 행위자들 자신이 충분한 정보와 완전한 자유라는 적절한 조건이 충족되었을 때, 마약에 빠지는 것은 그들의 관심이 아니라고 동의하는 경우에서만, 만족의 한 양태는 '마약'이 된다.

비판 이론의 부분 (C)는 루카치에서 차용한 것이다. 루카치는 《역사와 계급의식》에서 자본주의적 생산양식은 올바른 역사의식을 가진 프롤레타리아에 의한 의도된 행동에 의해서만 소멸될 수 있다고 주장하였다.[60] '비판 이론'은 올바른 계급의식을 제공하는 것이다.

루카치 자신은 초기의 사회의 혁명적 전환은 그들 자신의 관심과 계급적 상황에 대해 올바른 이해를 갖지 못한 행위자들에 의해

---

59) '대리만족'은 ZL 181~182, TG 258~259, KK 79면에서 논의되고 있다.

60) 특히 '계급의식'과 '역사적 유물론의 기능변화'에 대한 장 참고. 이 책, 61면 참고.

일어났다는 것을 인정하였다. 봉건사회에서 자본주의 사회로의 전환은 부르주아들의 행동 결과로 일어났다. 그들은 그들이 무엇을 하고 있는지를 몰랐으며, 공상에 사로잡혀 행동하였지만 그들의 계급 이익을 실현하는 데 적합한 새로운 사회를 창조하는 데 성공하였다. 자본주의 아래 있는 프롤레타리아에게서 이와 유사한 일이 일어나지 말라는 법이 어디에 있는가? 물론 의식의 계몽된 형태는 프롤레타리아의 행동의 방향을 제시해주는 데 아주 유용할 수 있으며 그리고 프롤레타리아는 그들 자신의 관심에 대한 정확한 입장 없이 자본주의 생산 양식을 소멸하는 데 성공하지 못할 수도 있다. 그러나 그것은 여기에서 다루어야 할 문제가 아니다. 문제는 비판 이론의 채택이 실제적인 해방을 위해 확실히 필요한 것인가 그렇지 않은 것인가이다.[61]

비록 행위자가 비판 이론을 받아들이고 그것에 따라 행동하는 것이 확실히 필요하지 않다고 할지라도—해방이 다른 어떤 방식으로 일어났다고 할지라도—행위자가 비판 이론을 그들의 자기-의식으로 채택할 수 있는 것이 되어야 함은 여전히 비판 이론의 수용가능성의 조건일 수 있다. 곧 비판 이론은 그것이 대상으로 삼고 있는 행위자들이 이해할 수 있는 형식으로 표현되어야 한다. 그 형식의 도움으로 그들은 비판 이론이 그들의 상황에 대한 기술이라는 것을 깨닫고, 행동을 위한 지침으로 비판 이론을 사용할 수 있도록 해야 한다. 나는 왜 프랑크푸르트학파의 사람들이 '해석학적' 요구라는 그렇게 무거운 분위기를 만들었는가를 명백하게 이해할 수 있다.[62] 그 이론이 대상으로 삼고 있는 행위자들의 '자유 동의'를 받아낼 수 있는 이론은 모두 이러한 '해석학적' 요구를 만족시킬 것임은 명백하다.

---

61) TP 33(T4 27~28면).
62) 그러나 이 책, 167~168면 이하 참고.

비판 이론은 정상적인 방법을 사용하여 경험적으로 확증되어야만 한다. 비판 이론은 이상적인 담화 상황에 있는 행위자들에 의해 자유롭게 승인되거나 거절됨으로써 결정적으로 확증되거나 반증될 수 있다고 스스로 주장한다. 그러나 우리는 결코 이상적인 담화 상황에 있지 않으며 있을 것 같지도 않다. 그럼에도 불구하고 우리는 개략적인 방식으로 어떤 구체적인 상황이 이상적인 담화 상황에 가까이 있는가, 아주 멀리 있는가를 말할 수는 있다. 어떤 상황이 이상적인 담화 상황에 가까이 가면 갈수록, 행위자가 표현한 동의와 부동의는 더욱더 무게를 갖게 된다.

　그러면 행위자가 비판 이론을 채택하고 그리고 (비판 이론의 부분 (A)(2)를 따라) 비판 이론이 추천한 행동 노선에 따라 행동하였다고 가정해 보자. 그렇게 하면 제안된 '최종 상태'가 결과로 나타나야 한다. 만일 그렇지 않고 최종 상태가 본질적으로 신뢰할 수 없는 것으로 밝혀진다면, 비판 이론은 반증된 것이다. 만일 제안된 최종 상태에 도달하면 (그리고 신뢰할 만하면) 이 상태에 있는 행위자는 그들이 계몽되었고 해방되었으며, 비판 이론이 해방과 계몽의 과정을 올바르게 설명하였다는 것에 자유롭게 동의해야만 한다. 곧 그들의 비판 이론이 기술한 것과 같이 이전 상태가 굴레, 욕구불만, 그리고 착각의 상태였다는 것을 인정해야만 한다. 그리고 그들의 현재 상태가 자유와 만족이 증가된 상태라는 것과 이 상태에서 그들은 그들의 참된 이해에 대해 더 정확한 입장을 가지고 있다는 것을 인정해야 한다. 끝으로 그들은 비판 이론과 그것이 촉발한 반성의 과정에 대한 지식이 그들의 해방의 메카니즘임을 자유롭게 인정해야 한다. 만일 행위자들이 이렇게 복잡한 자유 동의의 과정 중 어떤 일부라도 받아들이기를 거부한다면, 예를 들어 그들이 경험하게 된 '최종 상태'가 원래 상태와 비교하여 더 나을 것이 없다는 결정을 내렸다면, 비판 이론은 반증된 것이다.

여기서 논의하고 있는 해방은 '실질적' 해방이어야 한다. 곧 억압받는 행위자가 그들 자신의 욕구불만에 더 이상 자발적으로 빠져들어 가지 않는 것으로는 충분하지 않고, 사회제도에 근본적인 변화가 와서, 행위자가 비판 이론을 채택하도록 한 고통스러운 경험과 인간의 가능성에 대한 제약이 없어져야 한다.[63]

이데올로기적 기만의 초기 상태는 차별적 억압의 상태였다. 곧 어떤 집단은 다른 집단보다 더 많은 이익을 얻었거나 심지어 다른 사람을 직접 희생시켜 이익을 얻었다. 비판 이론은 불리한 상태에 있는 집단과 억압받은 집단의 사람들을 대상으로 삼고 있다. 그러면서 비판 이론이 이끌어 내려고 하는 '해방'은 지배적 집단으로부터 어떤 특권을 빼앗는 것을 의미한다. 그러나 사회의 해방적 전환이 폭력적일 필요는 없다. 특권 계층이 비판 이론의 옳음을 자유롭게 인정하고 자발적으로 그들의 특권을 포기할 수 있다. 보통 그렇게 했다면 그것은 전혀 놀라운 일이 아니다. 그러나 특권을 누리고 있는 집단에 속한 행위자들 또한 자유롭게 비판 이론에 동의하고 그리고 그것이 촉발한 과정이 해방과 계몽의 과정이라는 것에 동의해야만 하는가?

'자유 동의'의 요구를 다루는 문제에서는 약간의 애매함이 존재하는 것처럼 보인다. 하버마스의 일반적인 입장에 의하면 한 이론은 그것이 이상적인 담화 상황에서 모든 행위자들의 보편적인 동

---

63) 물론 하버마스는 자기 반성의 '실천적 결과'는 '관점 변경'이라는 것을 여러 차례 이야기하고 (TP 44[T4 39~40], PS 236, 238, 248, 250~251, 253, 255 [T3 199, 201, 210 이하, 215~216면] 있고, 비록 행위자의 신념과 태도의 변화가 심리 분석 사례에서 충분할 수 있다고 할지라도, 그것들이 비판적 사회 이론의 궁극적 목적은 될 수 없다: 만일 사회의 강제적 제도가 완전하지 않다면, 억압받고 있는 행위자가 그 제도의 정당성을 신뢰하기 위해서는 강제로부터 내면적 자유를 획득하는 것으로는 충분하지 않다. KK 392~393, TP 9~10 [T4 1~2면] 참조.

의를 얻으면 '인식적으로 승인가능' 하다. 반면에 확증의 논의에서
는, 사회의 다른 구성원들이 무엇을 생각하고 있는지와는 관계없
이 비판 이론이 대상으로 삼고 있는 행위자들이 자유롭게 그것에
동의한다면 비판 이론은 승인가능하다고 말하기 쉽다. 결국 비판
이론이 완화시키려고 노력하는 사람들의 고통과 증진시키려고 하
는 이익은 비판 이론이 대상으로 삼고 있는 사람들의 고통과 이익
이다. 비판 이론은 지배계급을 대상으로 삼고 있지 않기 때문에,
비판 이론에 대해서 어떤 형태의 동의를 지배 계급으로부터 얻어
야 하는지는 전혀 분명하지 않다. 지배계급도 그들 역시 해방되고
계몽되어왔다는 것에 동의해야만 하는가. 또는 그들이 억압받은
사람들이 해방되고 계몽되었다는 사실에 동의하는 것으로 충분한
가? 만일 비판 이론이 옳다면, 지배 계급의 구성원들은 편협한 의
식으로부터 고통당하고 있다. 그들은 의사소통의 구조가 모든 사
람에 대해 왜곡된 사회에서 살고 있다. 그러나 이러한 왜곡이 그
들의 욕구를 좌절시키는 것이 아니라 오히려 그들의 이익을 위해
작동한다.

만일 특정 사회의 행위자들이 이데올로기적 기만과 강제로부터
해방되어 왔다면, 이전의 지배 계급을 포함하여 모든 사람들이 그
들은 이전의 '초기 상태'보다 현재의 해방된 상태를 더 좋아하고,
그들의 진정한 이익이 어디에 있는가에 대한 더 올바른 입장을 갖
게 되었다는 것이 비판 이론의 명백한 의도이다. 어떻게 그것이
가능하겠는가?

이데올로기적 기만이 지배 계급 구성원들의 '이익과 편익을 위
해' 작동한다고 말하는 것은 지금까지 구성된 특정의 사회 체제에서
는 억압받는 계급의 구성원이 되는 것보다는 지배 계급의 구성원
이 되는 것이 더 좋다는 것을 의미한다. 곧 이 사회 질서에서는 가
능한 한 더 많은 규범적인 권력을 갖는 것이 좋다는 것을 의미한

다. 그러나 이것이 결코 지배 계급의 구성원들은 거대한 욕구불만을 경험하지 않는다는 것을 함축하지는 않는다. 뿐만 아니라 만일 그들이 자유롭게 선택한다면, 어떤 사회 체제를 좋아할 것인가에 대해서는 아무것도 함축하지 않는다. 만일 유일한 선택이 천민계급의 사람 가운데 한 사람이 되거나 또는 호모이오이(Homoioi) 가운데 한 사람이 되는 것이라면, 가능하다면 비록 혼혈아로서 아테네에 사는 것을 더 좋아한다고 할지라도, 행위자들은 호모이오이에 참여한 것을 우리는 이해할 수 있을 것이다. 따라서 만일 비판 이론이 촉발한 과정이 진정으로 해방과 계몽의 과정 가운데 하나라면, 지배 계급의 구성원들은 그 과정이 끝나는 지점에서는 그들의 특권은 아편이었으며, 그들에게 고통을 준 더욱 더 심각하고 감당할 수 없는 욕구불만을 숨기는 데 봉사해온 만족의 양태였다는 것을 깨닫고 인정해야 할 것이다.

만일 비판 이론이 해방과 계몽의 성공적인 과정에서 '자기-의식'이 되었다면, 이것은 비판 이론이 대상으로 삼고 있는 집단에 긍정적인 의미의 이데올로기가 되었다는 것을 의미한다.[64] 경멸적 의미에서의 이데올로기가 바로 허위 의식은 아니다. 그것은 비록 '왜곡되거나' 또는 '비이성적' 형태이지만 '이성'이다. 그들의 의식 형태가 이데올로기적인 행위자들도 그들의 원망과 필요와 이익으로부터 완전히 기만당하고 있는 것은 아니다. 만일 그렇다면, 그들은 이데올로기 비판의 중요한 방법인 '내재적 비판'에 도달하지 못할 것이다. 이데올로기 비판은 우리가 행위자의 의식 형태로부터, 좋은 삶에 대한 그들의 입장으로부터, 그들의 규범적 인식론에 깊이 새겨져 있는 자유와 진리와 합리성의 개념으로부터, 비판의 도구를 이끌어 낼 수 있을 때에만 가능하다. 인간의 욕구와 갈망

---

64) 이 책, 58~64면 참고.

이 스스로를 부정하게 하고, 그것을 사용하여 억압을 부추기는 것은 이데올로기가 가지고 있는 특별한 음흉함이다. 이러한 갈망과 요구는 이데올로기에서 발견될 수 있는 표현방식이다. 이데올로기에서 발견되는 한에 있어서, 이데올로기는 '유토피아적 핵'을 가지고 있으며, 비판 이론은 그것으로부터 벗어나게 하는 것을 자신의 과제로 삼고 있다.[65] 의식의 이데올로기적 형태의 기원을 기술함에 있어서, 비판 이론은 그것을 획득하는 것이 행위자들에게 어떻게 주관적으로 합리적인가를 보여주고 있다. 곧 그들이 가지고 있는 규범적 신념의 체제 안에서 그들의 기본 욕구를 발전시키고, 표현하고, 만족시키는 것이 어떠한 방식으로 허용될 수 있는가를 보여주고 있다. 그러나 비판 이론은 이러한 욕구와 욕망이 발견한 특정의 표현 형식이 어떤 방식으로 자기-파괴적이며, 어떻게 그것이 어떤 욕구의 발전을 방해하고 그리고 사람의 만족을 좌절시켰는가를 보여주어야 한다. 비판 이론의 긍정적인 역할은 문화적 전통이 갖고 있는 '유토피아적 내용을 구하는 것'이다. 곧 이데올로기적 표현 양식으로부터 깊은 곳에 자리 잡은 인간의 참된 원망, 가치, 필요, 갈망을 '구별해' 내는 것이다.[66] 이렇게 할 때에만 그들의 원망과 필요에 대한 올바른 지각을 획득하고 그들의 실제 이익에 대한 올바른 견해를 갖게 될 것이라고 희망할 수 있다.

3. 인식론

지금까지 비판 이론이 무엇이며, 어떻게 확증되는지를 살펴보았는데 다음의 두 문제가 남는다.

---

65) TP 42, 267~268[T4 37, 239~240], EI 340, 344[T1 280, 283~284], PP 29 이하, WL 51 이하, 63, 104~105[T6 50 이하, 60~61, 99~100면].
66) ZL 177, 181~182, ZR 50, WL 74~75[T6 72면].

(A) 비판 이론은 일종의 지식, 인식, 또는 학문(Wissenschaft)인가?
(B) 기본적인 인식론적 구조에 있어 비판 이론이 과학적 이론과
상이한가?

하버마스에 있어 '학문'은, 성공적 행위를 위한 신뢰할 만한 지
침을 제공하면서, '공공성'과 상호 주관성의 조건을 충족시키는,
일단의 체계적으로 상호 연결된 명제들을 의미한다. 바꿔 말하면,
이른바 학문은 잠재적 행위의 영역과 연결되어야 하며, 이 영역
안에서의 행위의 성공을 측정하는 비교적 명확하고 '공적인' 기준
이 있어야 한다. 트럭이 지나갈 때 다리는 지탱하거나 붕괴한다.
피아노의 건반을 두드리는 사람은 기초음에서 삼화음을 만들어 내
는 데 성공하거나 실패한다. 폭탄이 병원에 떨어질 때 그 폭탄은
터지거나 터지지 않는다. 행위자가 언제 탄탄한 다리나, 기초음의
삼화음이나, 폭격당한 병원을 산출하느냐의 문제에서 우리는 합의
된 비교적 명확한 기준을 갖고 있다. 나아가 일단의 명제들이 학
문을 구성하려면, 그 명제들은 어디로부턴가 무대 안으로 등장하
는 신비한 검은 상자처럼 불가해한 방식으로 작동하는, 무엇이 성
공적인 행위인가를 판단해 주는 신뢰할 수 있는 기준 같은 것이어
서는 안 된다. 학문은 계시가 아니기 때문이다. 학문은 논증적 구
조를 지녀야만 하며, 숙달된 사람으로 하여금 학문이 어떻게, 왜
'작동'하는지, 학문을 이루는 부분들의 관계는 무엇인지 설명할
수 있게 하고, 특정한 주장의 증거를 보이거나, 비판으로부터 그
주장을 옹호할 수 있게 해야 한다. 논증적 정합성과 증거라는 상
호 주관적으로 인지된 표준과의 연관관계 속에서만 이러한 과정이
수행되어야 한다.
전통적인 경험론은 이 '공공성'의 기준을 오해한 나머지 그것을
보편적이고 자유로운 상호 주관적 합의의 가능성에 연계시키지 않

고, '관찰'에다가 또는 궁극적으로 일종의 직접적 감관(sensory) 자극에다 연결시켰다. 우리는 이런 실수를 쉽게 범한다. 광범위한 상호 주관적 합의가 가능한 가장 대표적인 언명이 관찰 언명일 것이다. 그러나 관찰 언명이 우리의 경험적 지식에서 그렇게 중요한 위치를 차지하는 이유는, '감각에 가장 가깝기' 때문이 아니고 관찰 언명에 관한 합의가 가장 널리 퍼져 있고 문제가 없기 때문이다.[67]

　비판 이론은 '해방적 행위'의 영역과 연결되어 있다. 해방의 성패를 측정할 수 있는 명확하고, '공적인' 기준이 존재하는가? 성패를 측정하는 기준을 갖는다는 것이 단순히 자신들이 해방됐는지의 여부에 대해 모든 행위자가 동의할 수 있다는 사실만을 의미한다면, 원칙적으로 비판 이론이 공공성의 조건을 만족시키지 못할 이유는 없어 보인다. 해방은 물론 실패할 수도 있다. 비판 이론에 구체화되어 있는 자유관을 행위자가 완강히 거부할 수도 있으며, 어떤 믿음과 특성이 억압적 조건에서 획득된 것임을 인지하지만 완전히 자유로운 상황 하에서도 그러한 믿음과 특성을 지니게 됐을 거라고 행위자가 주장할 수도 있기 때문이다. 또한 행위자들이 비판 이론이 제시한 '자유'의 상태를 경험하고서 그 자유가 자기들에게 견딜 수 없고, 예기치 못한 멍에로 기능하기 때문에 포기되어야 한다고 생각할 가능성도 있다. 해방 과정의 성패 여부는 행위자들이 동의할 수 있는가에 달려있다.

　그러나 이러한 논의가 공공성의 요건의 핵심을 짚지 못했다는 주장도 제기될 수 있다. 공공성의 요건이 감각에 직접적으로 연결되어 있지는 않더라도, 단순히 합의에 이른다는 것만을 뜻하지는 않는다는 것이다. 기준이 '공공적'이라는 진술은, 평가되는 특정한

---

67) Quine의 '자연화된 인식론' 참조. Quine(1969), 특히 84면 이하.

이론으로부터 그 기준이 어느 정도 독립되어 있으며, 경쟁하는 견해 사이에서 중립적일 수 있는 방식으로 그 기준이 형성되어야 함을 뜻한다.[68] 다리를 어떻게 건설해야 하느냐에 대해 가질 수 있는 견해와는 관계없이 다리가 굳건히 서 있다는 것이 어떤 것임을 우리가 알고 있기 때문이다. 해방의 성공에 관한 기준은 보통 이런 종류의 중립성이나 독립성을 갖지 않는다. 비판 이론이 고통스런 경험의 경감을 지향하는 만큼 그 경험은 해방의 성공에 관한 명확한 부정적 기준을 제공한다. 그러나 이미 살펴본 바와 같이 대부분의 경우에 비판 이론은 행위자가 충분히 깨닫고 있지 못한 좌절을 초래하는, 제한된 의식을 겨냥하고 있다. 그 같은 경우 비판 이론을 채택하고 그것에 의거해서 행위할 때에만, 해방의 성공을 측정하는 기준 자체가 등장하는 것이다.[69]

'공적 표준'의 중립성도 문화적 중립성이거나 특정한 문화적 맥락의 독립성이어야만 한다. 행위의 성패 여부에 대한 결정은 특정 문화의 특별한 관습, 태도, 기법의 획득과 발전에 가능한 한 적게 의존해서 내려져야 한다. 행위자의 의식 형태의 특정한 문화적 내용과는 무관하게, 모든 인간 행위자가 금방 구득할 수 있는 아주

---

68) 이 책, 148~150면을 보라.
69) 여기서 내가 개진하는 견해와는 양립 불가능해 보이는 인상적인 문장이 EI에서 발견된다 EI 325(T1 266면)에서 정신 분석학적 '해석'에 대해 언급하면서 하버마스는 다음과 같이 말한다: 그 같은 분석의 경우에 '성공과 실패는 … 상호 주관적으로 검증될 수 없다.' ZL의 이와 비슷한 진술에서는, 정신 분석학적 해석의 경우에는 '성공의 기준이 조작화(operationalisieren)될 수 없다. 성공과 실패는 증상의 조정처럼 상호 주관적으로 확정될 수 있는 성질의 것이 아니다'라는 구절이 발견된다. '해석'이 '상호 주관적으로 검증될 수 있음'을 부인하면서 하버마스는 단순히 성공 여부에 관한 조작적인 공적 기준을 제시할 수가 없다고 주장하는 것처럼 생각된다. 여기서 핵심은 행위의 성공 여부를 측정하는 다른 종류의 공적 기준이 있을 수 있다는 점이다. PS 238(T3 201면)을 보라.

'제한된' 종류의 경험만이 그 결정을 내리는 데 요구되어야 한다.

해방적 행위가 성공적이었는지 여부를 결정하는 데는 '제한된 과학적 경험'이 배제할 수밖에 없는 복잡하고 막연한 문화적 양식과 태도에 대한, 정교하고 동정적인 이해만이 요구된다. 비판 이론의 중심적이고 특징적인 진술들은 과학 이론보다 훨씬 더 깊게 특정한 문화 역사적 맥락 속에 연루되어 있는 것처럼 보인다. 직접 관찰을 단순히 판단하는 경우에는 '진정한' 동의와, 광범위하고 다양한 상황 속에서 표현된 동의는 서로 일치하는 것처럼 생각된다. 아주 억압적인 사회에서조차도, 단순한 경험적 명제들에 관한 '진정한' 합의는 쉽게 이끌어내어질 수 있다. 극히 억압적인 사회 분위기 속에서 그 합의가 도출된 사실을 우리가 알고 있고, 행위자들 자신이 그것을 또한 알고 있을 수 있지만 그건 문제가 안 된다. 이는 비판 이론이 처해 있는 상황과는 아주 대조적이다. 비판 이론에 대한 동의나 거부는 사회 '환경'에서의 모든 억압에 관해 극히 민감하다. 그리고 표현된 동의나 거부가 '진정한' 동의나 거부라는 점이 당연시될 가능성은 극히 희박하다. 따라서 행위자가 '진정한' 동의나 거부에 이를 수 있는 상황은 주도면밀하게 구성되어야 한다.

과학 이론과 비판 이론 사이의 차이가 이렇게 인정된다고 하더라도 그 차이는 '지식'과 다른 무엇 사이의 차이처럼 범주적이라기보다는 정도의 차이인 것 같다. 자유로운 상호 주관적 합의가 도출될 수 있는 '행위의 성공적인 정향'을 제공하는 것이 지식이라면, 또한 성공에 관한 기존의 '중립적' 표준의 존재가 지엽 문제이고 그러한 표준이 '자유로운' 상호 주관적 합의에 기여할 때만 중요하다면, 비판 이론도 일종의 지식인 것처럼 보인다. 반성적으로 자신들의 의식 형태 중의 어느 부분이 바람직하지 않은가에 관해 행위자들이 자유롭게 동의할 수 있을 때, 또한 그러한 동의가 성공적인 행위의 지침으로 사용될 수 있을 때, 그리고 자신들의 의식 형태 중 반성적으로 바람직하지 않은 부분을 포기함으로써 궁극적으로 좌절의 정도가 감소된다는 점에 관해 행위자들이 동의할 때, '반성적 수용 가능성'의 요건이 '인식적' 요건이 된다.

비판 이론과 과학 이론은 평범한 의미로 둘 다 '경험적' 지식이란 점에서 유사하다. 둘 다 경험에 근거하며, 경험에 의해서만 확증될 수 있다는 이야기다. 그러나 비판 이론이 의존하는 경험은 관찰뿐만이 아니라 '반성적 경험'도 포함한다.[70] 과학 이론과 비판 이론 사이에 존재하는, 인식론적 위상이나 인식 구조상의 모든 차이는 비판 이론을 확증하는 데 있어 '반성'이 맡고 있는 역할 때문에 발생한다.

비판 이론은 태도나 규범적 믿음 같은 의식 형태의 부분이 '오류'임을 밝힌다고 하므로 진짜 문제는, 비판 이론이 과연 일종의 지식이나 인식일 수 있겠느냐를 증명하는 데 있는 것 같다. 만약 비판 이론이 일종의 지식이라면 — 그리고 자연주의가 거부된다면 — 비판 이론이 과학적 이론의 일종이 아닌 것만은 분명하다: 가령 규범적 믿음의 '예'들을 어떻게 조사할 수 있겠는가? 그리고 가설-연역적 방법이 어떻게 적용될 수 있겠는가? 하는 의문이 발생하기 때문이다. 이데올로기적인 믿음과 태도는 관찰된 반례를 지적함으로써 부인되는 것이 아니라, 반성을 불러들임으로써, 즉 그러한 믿음과 태도를 가진 행위자로 하여금 그 믿음과 태도를 획득하게 된 경위를 깨닫게 함으로써 논박되는 것이다.

그렇다면, 행위자가 규범적 믿음 등을 획득할 수 있었던 경위에 대한 지식은 관찰에 근거한 지식이 아니라는 주장이 비판 이론과 과학 이론의 핵심적인 차이다. 관찰이 행위자가 믿음을 획득하는

---

70) EI 9(T1 vii). PS 161 이하, 238(T3 136 이하, 201면) 참조.

방식에 대한 부적절한 접근 방식이 되고 마는 까닭은 무엇 때문일까? 프랑크푸르트학파는, 관찰된 대상이나 사태가 관찰 행위로부터 독립적일 때만 우리가 '관찰'을 운위할 수 있다고 가정한다. 바꿔 말하면, 관찰된 대상이나 사태가 관찰 행위에 의해 본질적으로 변하지 않거나 관찰 행위에 의해 창출된 것이 아닐 때, 관찰이 운위될 수 있다는 것이다. 이 점이 관찰을, '객관화하는' 과학의 적절한 토대로 만들었다는 것이다.[71]

그렇다면 행위자는 어떻게 규범적 믿음과 태도를 획득하게 되는 것일까? 바로 다양한 사회화의 과정과, 자신들의 경험에 대하여 다른 행위자들과 나눈 대화와, 그러한 대화의 내면화—개인적 사유는 그런 내면화의 결과다—를 통해서이다. 따라서 행위자가 어떻게 믿음들을 획득할 수 있었는가를 알기 위해서는 여러 조건 아래서 행해진 가능한 대화나 토론의 결과를 우리가 알 수 있어야만 된다. 이는 행위자의 상황 속의 여러 외적 요인들이 결과에 어떤 영향을 미치는가를 우리가 알아야만 됨을 뜻할 뿐만 아니라, 나아가 행위자의 인식론적 원칙, 자기들이 처한 상황에 대한 인지, 그들이 무엇을 그럴 듯한 행위 동기나 설득력 있는 논증이나 적절한 고려로 간주하는지에 대해 우리가 알아야 함을 뜻한다. 물론 우리는 행위자들의 규범적 인식론이나 그럴 듯한 행위 동기에 대한 그네들의 믿음을 관찰할 수는 없다. 기껏해야 행위자의 행동—언어적 행동을 포함해서—만을 관찰할 수 있을 뿐이다. 그러나 행동만의 관찰이—언어적 행동에 대한 관찰까지 포함해서—행위자가 설득력 있다고 느끼는 논증의 종류에 대한 정확한 지식을 제공해 줄 수 있을 것 같지는 않다. 그러한 현상을 설득력 있게 묘사하는 작업에서 행동주의가 맛봐야만 했던 암담한 실패는 매우 시사

---

71) N2 394~395면.

적이다. 행위자들의 세계관과 토론을 할 때 행위자들이 무엇을 설
득력이 있다고 보는가를 발견하기 위해서는, 상호 교류함으로써
그들의 생활 방식에 접해 봐야 한다. 예컨대, 그들과 날씨에 대해
이야기하고, 애들과 놀아주며, 합동 작업을 기획하고, 심지어는 가
벼운 마약을 같이 핀다거나 해서 행위자들과 서로 교섭해야 한다.
이런 종류의 장기적 상호 작용은 단순한 관찰과 실험의 과정이 아
니다. 왜냐하면, 상호 작용은 '관찰되는' 것에 대한 '관찰자'의 밀
접하고 활발한 개입을 요구하기 때문이다.[72] 참여적 '관찰자'인 나
는 이러한 '상호 작용'의 과정 어디서나, 규범적 인식론과 스스로
의 상황을 인지하는 방식, 그리고 무엇이 훌륭한 이유이며 설득력
있는 논증이고 포괄적인 동기인가에 관한 일련의 믿음이 다른 행
위자의 것임을 알게 된다. 이렇게 믿음들을 남에게 귀속시킴으로
써 우리는 매끈하고 원활한, '방해받지 않은' 상호 작용을 할 수
있게 된다. 그러나 우리가 알고 있는 것과 같이[73] 충분한 진지함을
유지하면서도 나는 첫 번째의 믿음 체계와는 충돌하지만 모든 관
찰적 증거와는 충돌하지 않는 이유, 동기, 인지 등에 관한 또 다른
믿음 체계와 조우할 수 있다. 이러한 종류의 믿음들이 상대방 행
위자의 것이라고 믿는 것은 불확정적인 작업이다. 나는 (a) 다른
사람의 행동에 대한 모든 관찰적 증거와 모순되지 않는 견해 체계
들과, (b) 내게 제일 쉽게 이해되는 견해 체계들을 다른 사람들의
것이라고 믿는다. 즉, 무엇이 동기, 논증, 이유, 증거에 관한 합리적
이고 포괄적인 관점이냐에 대한 나의 표준에 비추어 볼 때 가장
'정상적'이고 덜 이상한 견해 체계가 다른 사람의 것이라고 믿는
다는 것이다. 이 점에 대한 나의 견해가 바뀔 때—예를 들어 전에
는 망측하고 괴상하다고 생각했던 동기가 사실상 자연스럽고 합리

---

72) ZL 138 이하, 188 이하, 219면.

73) Quine(1969), 1면 이하.

적인 것임을 발견할 때―다른 사람들의 행동이 눈에 띄게 변하지
않았음에도 불구하고 남의 것이라고 믿었던 인간적 동기에 관한
나의 믿음을 즉각 바꿀 수도 있다. 물론 그들이 나의 특정한 견해
를 공유한다고 생각할 필요는 없지만, 나의 행동을 추동하는 관점
이 다른 사람들의 것이라고 믿는 대상에 어떤 제한을 부과한다.
행위의 그럴 듯한 이유며, 세계관, 포괄적인 인간의 동기에 관한
생각을 내가 바꾼다면, 이는 내가 교류하려 하고 그 행동을 해석
하려 한 다른 행위자와의 만남의 직접적인 결과일 수 있다. 전에
는 괴상하고 이해할 수 없었던 동기에 근거한 행위자의 공언과 행
동을 경험하고 이해하여 인간의 동기에 관한 내 생각을 결국 변화
시킬지도 모른다. 여기서 '반성'의 또 다른 의미가 산출된다. 다른
사람의 행동을 해석할 때 내 견해가 부과될 수밖에 없기 때문에
내가 다른 사람의 것이라고 믿는, 견해나 인식적 원리에는 내 견
해와 인식적 원리가 반영되어 있다. 마찬가지로 나의 동기나 동기
에 대한 견해, 인식적 원리 등은 성공적으로 교류하기 위해 남들
의 행동을 계속적으로 해석한 결과이기 때문에 남들의 동기나 인
식적 원리를 반영하는 것이다. 이때의 '남'이 인간 행위자라면, 그
들은 아래와 같이 비슷한 성찰적 과정에 종사하고 있다. (a) 그들
은 내 행동과 모순되지 않으면서 자기들이 이해할 수 있는 이유나
동기들을 나의 것이라고 믿음으로써 내 행동을 이해하려고 한다.
(b) 그들은 나와의 교류 경험에 비추어 그들 자신의 견해를 재평
가하고 있다.[74]

해석의 이러한 반성적 과정은 인간적 상호 작용의 필수적 부분
이며, 비판 이론이 확증될 수 있는 유일하게 가능한 터전이다. 일
반적으로 행위자는 자기가 사용하는 인식적 원리를 명확하게 정식

---

74) TG 190면 이하.

화시키지 않으며, 자유나 억압에 대한 행위자의 관점과 규범적 믿음도 그렇게 명시적이지 못하다. 행위자의 인식적 원리는 단순한 관찰이나 묘사 대상이 아니다. 그 원리를 정식화할 때 비판 이론은 부분적으로 그것을 '형성하고' 있는 것이다. 원리들은 정식화됨으로써 전에는 결여하고 있던 확정성을 획득할 수도 있고 행위자로 하여금 원리의 다른 부분을 변화시키도록 유도할 수도 있다. 여기서 '언급된' 행위자의 인식적 원리—비판적 논증을 촉발시키는—에 관한 묘사 자체가 이미 예상적인 성격을 띤다. 왜냐하면 행위자들이 인식적 원리가, 자신들의 행동을 받쳐주는 개념의 훌륭한 재구성이라는 사실을 인지할 수 있다는 의미에서 그 원리가 '그들의' 것이기 때문이다. 그러나 물론 어떤 태도나 믿음, 행동 양식에 대해 충분히 깨닫게 함으로써 그러한 믿음이나 행동 양식을 변화시킬 수 있다는 것이 비판 이론의 가정이다. 많은 경우에 이 가정은 매우 합리적인 것처럼 보인다. 또한 비판 이론을 채택하게 되는 복잡한 과정을 통해서 이런 믿음이나 태도 등이 단순히 변화할 뿐만 아니라 논박되고 오류로 판명된다고 비판 이론의 주창자들이 주장하는 것도 사실이다. 그러한 주장과 함께 우리는 다시 비판 이론과, 비판 이론이 다루는 태도와 믿음의 인식적 위상에 관한 문제로 되돌아간다.

비판 이론이 지식이어야 하며, 이데올로기적인 믿음과 태도를 오류로 증명해야 한다는 데 프랑크푸르트학파의 모든 학자들이 동의한다. 그렇지 않으면 비판 이론은 온당한 해방시키는 효과를 갖지 못할 것이다. 비판 이론을 채택하는 사람들로 하여금 사회의 합법적 기제의 압력에 저항할 수 있게 만드는 비판 이론의 능력이 그러한 해방시키는 효과를 창출한다. 사회의 정당화 이데올로기가 '진리'임을 자임하기 때문에라도, 비판 이론은 반드시 '진리'여야만 한다.

실증주의자들은 정당화하는 세계관과 비판 이론 둘 다 참 또는 거짓이 아니라고 말할지 모른다. 그러나 이것을 근거로 세계관과 비판 이론이 공히 무의미하며, 양자를 합리적으로 재단할 수 있는 방법도 없고 모든 선택은 단순한 취향에 불과하다는 주장을 펴는 실증주의자의 입장은 잘못된 것이다. 과학 아니면 적나라한 선택이라는 흑백논리를 우리가 무엇 때문에 받아들여야 하는가?

행위자들은 다소간 개명된 방식으로 행동할·수 있다. 그들이 향유하는 의사 소통과 토론의 자유와, 믿음과 선택을 형성하고 획득할 수 있는 자유에도 정도의 차이가 있을 수 있다. 비판 이론이 지금의 역사적 상황에서 우리에게 주어진 가장 앞선 의식 형태를 표상한다는 결론이 합리적 논증에 의해 도출될 수 있다면, 비판 이론을 ‘진리’로 불러야 하느냐 마느냐의 문제 때문에 우리가 고심할 필요는 없다.

이는 프랑크푸르트학파가 정당하게도 거부하고 있는 형태의 상대주의가 아니다. 이러한 결론이 ‘이상적 담화 상황’에 관한 하버마스의 근래의 견해보다 아도르노의 역사주의에 근접한 것이라면 더 잘된 일인 것처럼 생각된다. 선험주의적 색채를 떨쳐버린 비판 이론이 우리에게 더 설득력이 있을 것이기 때문이다.

비판 이론이 참된 ‘과학적’ 이론이 아니고, 엄밀한 의미에서 소위 경험적 사회 과학이 못된다 해도 우리는 그것을 더 광범위한 사회 이론이나 사회 철학의 한 부분으로 간주할 수 있다. 모든 경험적 사회 탐구가 비판 이론의 구조를 가져야만 하는 것은 아니다. 그러나 경험적인 정보를 갖춘 비판 이론을 형성하려 하는 우리의 바람은 정당하고도 합리적인 인간적 열망이다.

인용문헌

Apel, Karl‑Otto et al., *Hermeneutik und Ideologiekritik*, Frankfurt : Suhrkamp, 1971.

Barry, Brian, *Sociologists, Economists, and Democracy*, Chicago : University of Chicago Press, 1978.

Barth, Hans, *Wahrheit und Ideologie*, Frankfurt : Suhrkamp, 1975.

Brodbeck, May, *Readings in Philosophy of Social Science*, New York : Macmillan, 1968.

Burkert, Walter, *Structure and History in Greek Mythology and Ritual*, Berkeley and Los Angeles : University of California Press, 1979.

Carr, E. H., *What is History?*, New York : Knopf, 1962.

Cohen, G. A., *Karl Marx's Theory of History : A Defense*, Princeton : Princeton University Press, 1978.

Dumont, Louis, *Homo Hierarchicus*, Chicago : University of Chicago Press, 1970.

Frankfurt, Harry, "Freedom of the Will and the Concept of a Person," *Journal of Philosophy*, 68, 1971.

Freud, Sigmund, *Die Zukunft einer Illusion*, cited from vol. IX,

176

Freud-Studienausgabe, Frankfrut: Fischer, 1974.

Friedrich, C. J. and Brzezinski, Z., *Totalitarian Dictatorship and Autocracy*, Cambridge, Mass.: Harvard University Press, 1956.

Geertz, Clifford, *Islam Observed*, Chicago: University of Chicago Press, 1971.

Harris, Marvin, *Cows, Pigs, Wars, and Witches: The Riddle of Culture*, New York: Random House, 1974.

Hirschman, Albert, *The Passions and the Interests: Political Arguments for Capitalism before its Triumph*, Princeton: Princeton University Press, 1977.

Jay, Martin, *The Dialectical Imagination*, Boston: Little, Brown and Co., 1973.

Kaplan, David and Manners, Robert, *Culture Theory*, Englewood Cliffs, NJ: Prentice-Hall, 1972.

Kortian, Garbis, *Métacritique*, Cambridge: Cambridge University Press, 1980.

Kroeber, Alfred and Kluckhohn, Clyde. 'Culture: A Critical Review of Concepts and Definitions', Papers of the Peabody Museum of American Archaeology and Ethnology, vol. 47, Cambridge, Mass. 1952.

Laing, R. D. and Esterson, A., *Sanity, Madness and the Family*, London Tavistock Publications, 1964.

Larrain, Jorge, *The Concept of Ideology*, Athens, Georgia: The University of Georgia Press, 1979.

Lenin, V. I. *What is to be Done?* in *The Lenin Anthology*, ed. R. Tucker, New York: Norton, 1975.

Lichtheim, George, *The Concept of Ideology*, New York: Random

House, 1967.

Luhmann, Niklas, *Soziologische Aufklärung*, Köln und Opladen, 1970.

Lukács, Georg, *Geschichte und Klassenbewußtsein*, Neuwied und Berlin: Luchterhand, 1968.

McMurtry, John, *The Structure of Marx's World-View*, Princeton: Princeton University Press, 1978.

Mannheim, Karl, *Ideology and Utopia*, New York: Harcourt, Brace, and World, 1936.

Marcuse, Herbert, *Eros and Civilization*, Boston: Beacon, 1955.

Marx, Karl and Engels, Friedrich, *Werke*, Berlin: Dietz Verlag, 1956-

Merton, Robert, *Social Theory and Social Structure*, Glencoe: The Free Press, 1957.

Nietzsche, Friedrich, *Zur Geneologie der Moral. Werke*, Band III (herausgegeben von Karl Schlechta), Frankfurt: Ullstein, 1969.

O'Neill, John. *On Critical Theory*, New York: Seabury, 1976.

Plamenatz, John, *Ideology*, London, 1970.

Popper, Karl, *The Poverty of Historicism*, New York: Harper & Row, 1964.

Popper, Karl, *The Open Society and its Enemies*, Princeton: Princeton University Press, 1971

Quine, W. V. O., *From a Logical Point of View*, New York: Harper, 1963.

Quine, W. V. O., *Ontological Relativity and Other Essays*, New York: Columbia, 1969.

Runciman, W. G., *Sociology in its Place*, Cambridge: Cambridge

University Press, 1970.

Sahlins, Marshall, *Culture and Practical Reason*, Chicago: University of Chicago Press, 1976.

Shalins, Marshall, *Tribesmen*, Englewood Cliffs, NJ: Prentice-Hall, 1968.

Seliger, Martin, *The Marxian Conception of Ideology*, Cambridge: Cambridge University Press, 1977.

Service Elman, *The Hunters*, Englewood Cliffs, NJ: Prentice-Hall, 1966.

Theunissen, Michael, *Gesellschaft und Geschichte: Zur Kritik der kritischen Theorie*, Berlin: de Gruyter, 1969.

Tucker, R. (ed.), *Marx-Engels Reader*, New York: Norton, 1971.

Turnbull, Colin, *The Mountain People*, New York: Simon and Schuster, 1972.

Waxman, Chaim (ed.), *The End of Ideology Debate*, New York: Simon & Schuster, 1968.

찾아보기

182